追求极致

——日本企业团队工作法

曲军/著

企业管理出版社
ENTERPRISE MANAGEMENT PUBLISHING HOUSE

图书在版编目（CIP）数据

追求极致 - 日本企业团队工作法 / 曲军著 . — 北京：
企业管理出版社，2021.5
ISBN 978-7-5164-2365-3

Ⅰ . ①追… Ⅱ . ①曲… Ⅲ . ①企业管理—组织管理学
—日本 Ⅳ . ① F279.313.23

中国版本图书馆 CIP 数据核字 (2021) 第 065806 号

书　　名：追求极致——日本企业团队工作法
作　　者：曲 军
责任编辑：尤 颖　刘 畅
书　　号：ISBN 978-7-5164-2365-3
出版发行：企业管理出版社
地　　址：北京市海淀区紫竹院南路 17 号　　邮编：100048
网　　址：http://www.emph.cn
电　　话：编辑部（010）68487630　　发行部（010）68701816
电子信箱：zbz159@vip.sina.com
印　　刷：河北宝昌佳彩印刷有限公司
经　　销：新华书店
规　　格：160 毫米 ×230 毫米　16 开本　16.25 印张　180 千字
版　　次：2021 年 5 月第 1 版　　2021 年 5 月第 1 次印刷
定　　价：68.00 元

前言

Preface

专注专一，专业专心。

从 2000 年起，我在北京的会计师事务所从事了大约 6 年的审计工作，主要参与审计上市公司、国有企业、外资企业。

2007 年至今，我在日本东京的会计师事务所主要参与审计日本企业以及在日中资等外资企业。通过参与这些工作，我目睹了一些日本企业文化事例，每年都有新的感悟。

进入日本企业，开始主要是学习体验、思想碰撞以及初步比较中日企业文化；从第 5 年开始逐渐领悟到一些中日企业文化差异；从第 10 年开始感慨自己应当“十年磨一剑”地记录总结日本企业文化见闻；从第 15 年开始深刻理解只有“专注专一，专业专心”才能写出更多使读者受益的心得体会。

百闻不如一见。

我喜欢阅读日本企业文化方面的书籍和新闻报道，也乐于记录日本企业文化事例。

在日本工作的这10多年里，与我有过接触的员工至少有千百位。无论是工作还是业余时间，感谢他们与我沟通交流，分享日本企业文化事例。

通过面对面地与这些员工沟通讨论，我为很多日本企业提供过经营管理方面的改善建议。特别是通过亲自提供专业服务，我为中日企业的业务合作做出了贡献，也得到了企业员工的认可和信赖，我的工作方式也得到了很大改善。

知行合一，现场实践。

在与员工的近距离接触中，我对他们工作中表现出来的思想观念很感兴趣。

通过这10多年的观察了解，我发现他们不仅表现出“和魂洋才”的思维，而且也有“和魂汉才”的思想。这些中国思想，闪现着中国古人的智慧精华。

孔子、孟子、孙子、王阳明等大思想家的理论，至今仍然受到很多日本企业员工爱戴。让我感受很深的一点是，中国著名思想家王阳明的“知行合一”理论，至今仍被日本企业家倡导引用。通过引用，企业家教育员工必须知识结合行动，脚踏实地努力工作，重视现场主义，做到理论结合实践。

不进则退，持续改善。

很多日本企业有着优秀的企业文化，但也存在管理漏洞及陋习。

甚至有些企业内存在着职权暴力、性骚扰、性别歧视、国籍歧视、加班太多等整个社会都关注的问题。企业经营管理水平的高低也在影响着企业文化，即使同一企业母子公司之间，经营管理水平也存在着差异，经营管理方式也有很多需要完善的地方。在市场竞争以及社会舆论监督之下，很多日本企业已经意识到“不进则退”，面对经营课题和企业文化差异，必须进行经营管理的持续改善。

注重事例，不求全面。

关于企业文化，包括企业风气和传统习惯，存在着各种背景与历史沿革，很难全面地总结出一种企业文化模式。

我写的主要是日本大中型企业现场以及日常购物、餐饮、消费中的事例，并不适用于理解所有的日本企业。

日本企业员工的工作方式随时都在发生改善与转变，我尽可能地避免直接评议相关事例。20 世纪 80 年代日本泡沫经济时期的事例我并没有亲身经历过，尽量避免了相关的陈述和评论。

支持日本企业成长的三种神器，即年功序列、终身雇用以及企业工会，从 21 世纪以来日本企业经营现状观察，这些神器的内涵实际上已经发生了根本改变，也已陈旧，我尽量淡化了相关描述。

消除误解，避免偏见。

关于日本企业文化，无论是与来日本的中国企业员工沟通，还是与在中国的日资企业中方员工交流，我感觉到存在着误解和偏见。

在协助中日企业业务合作项目时，我从中国员工的言谈举止判断分析出，他们对日本企业缺乏基本的了解和调研。为了消除误解和偏见，中日企业的交流活动任重道远。

没有广告，避免宣传。

为了增进中日企业互相了解，我把自己筛选过的事例结合心得，进行了适当地整理。根据内容需要，我也查阅参考了一些新闻报道和文献资料。最终还是以自己的所见所闻为主要依据，完成了相关事例的概括总结。

基于尊重任何企业的基本原则，在我所描述的事例中，尽力避免论及任何一家企业的特定事例，也没有提及具体名称，更没有进行毁贬恶评或者夸大宣传。

中日友好，努力贡献。

如果把我的事例与新闻报道相比，显然缺乏热点的描述；如果把我的解读与学术论文相比，感觉缺少高深的论述；如果把我的感想与心灵鸡汤类的文章相比，也可能过于通俗直观。希望通过写作，为中日企业的友好交流做出微薄贡献，我坚信这将是写作价值和内涵的最佳体现。

最后，衷心地感谢企业管理出版社、企业管理杂志社的编辑和领导们、中日企业的员工们、亲朋好友们、同学们、家人们。如果没有他们的支持和帮助，我很难在工作之余完成此书的写作。倍加感激之际，应当继续努力为中日企业的友好交流做出更多贡献。

2021 年 3 月吉日，曲军耕作于东京。

目录 Contents

第 3 章 日本企业的会议文化

第 4 章 日本企业的精细文化

第 5 章 日本企业的防灾文化

第 6 章
日本企业的研究文化

01

第1章

日本企业的理念文化

企业精神
日本的企业精神体现在何处?

日本的企业精神主要体现在经营理念、经营方针、价值观念、企业社训、社会责任以及细节管理意识等方面。有一些企业精神里包含着创业者个人的励志名言或奋斗目标，但企业家精神不完全等同于企业精神。客观而言，企业精神也应当反映企业员工认可的奋斗精神。

为了支持中日企业的友好交流合作，我尽量宣扬正能量的事例，客观关注但不渲染负能量的事例。

什么是企业精神?

企业精神，是企业文化的核心。尽管难以归纳一个确切的定义，但是不可否认的是，企业精神是企业存续的灵魂。没有灵魂的企业，是缺少活力并失去发展动力的。富有正义感之魂的企业，才能得到社会信赖，并且持续发展。

企业精神既不是几句口号，也不是几个概念，而是企业经营管理的指导思想。这些指导思想是基于各种因素综合而成，有的企业精神里有企业产品或提供服务的特征反映，有的包含顾客、员工、股东、供应商、创业者等各方的诉求或要求。

日本仍然存在黑心企业和有不良经营行为的企业，这些企业并不代表主流。虽然主流的几家知名企业在最近几年里有一些负面报道，例如集体质量造假以及财务舞弊等，但是不能因此否定日本企业中良好的企业精神。

关于企业精神的具体事例具有广泛的代表性，值得中日企业员工深入了解和学习。

“论语算盘”精神、“人间尊重”精神、“三方得利”精神、“社会贡献”精神、“保护环境”精神、“创造价值”精神、“持续改善”精神、“顾客至上”精神、“技术是爱”精神、“细节管理”精神、“公开谢罪”精神，都是体现企业精神的经营管理细节。

论语算盘

2021 年初仍在东京书店热卖的《论语与算盘》现代语翻译版。

在学习和吸收欧美现代企业经营理论的同时，有一些日本企业家主张结合论语等中国古典名著中的思想理论，指导企业经营的同时也承担相应的社会责任。

日本著名的企业家涩泽荣一认为，应当在“左手论语，右手算盘”

的经营理念指导下经营企业。**经营企业时“既要讲求经济效益，也要讲求社会效益”**。

涩泽荣一的传世名著《论语与算盘》一书，至今仍被日本企业经营者推崇阅读。

人间尊重

很多日本企业强调“以人为本”的基本经营理念。企业必须“尊重个人”，做到“信赖、平等、自立”地对待每一位员工。只有做到尊重每一位员工，员工才会心甘情愿地尊重企业。

有些日本企业不仅面向员工，也向顾客以及社会各界广泛宣传其“以人为本”的基本经营理念。例如：在对外业务的会议室内悬挂着“人间尊重”经营理念的画像。这种做法亲切直观，值得称赞。

另外有些日本企业经营者非常信奉“敬天爱人”的经营理念。

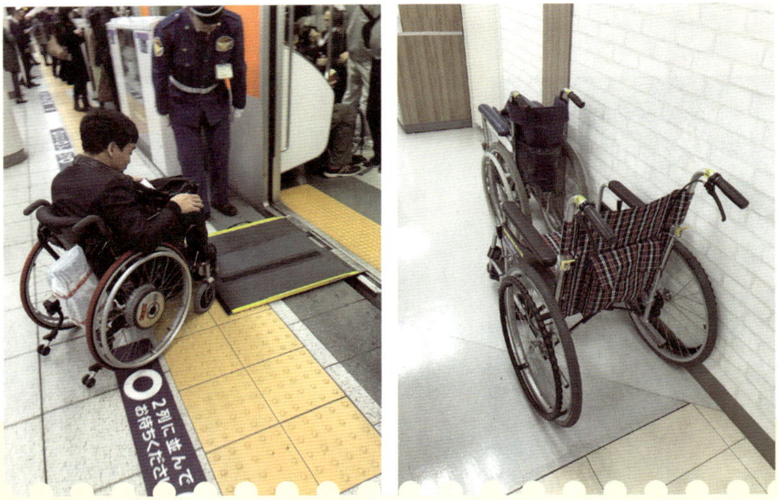

左图：日本东京地铁内残疾人士日常利用无障碍设施的情景。
右图：日本购物中心为老幼病残顾客准备的可免费使用的推椅。

这句话出自日本明治维新时期知名人物西乡隆盛的《西乡南洲翁遗训》一书。在一些日本企业的会客室或前台，可以看到“敬天爱人”的牌匾。

“天”可以解释为天理，“敬天”就是尊敬天理而且尊重伦理。“人”可以解释为人类，“爱人”就是关爱自己周围的人。企业经营者不仅要尊重经营伦理，而且要关爱员工，真正“以人为本”地经营管理企业。

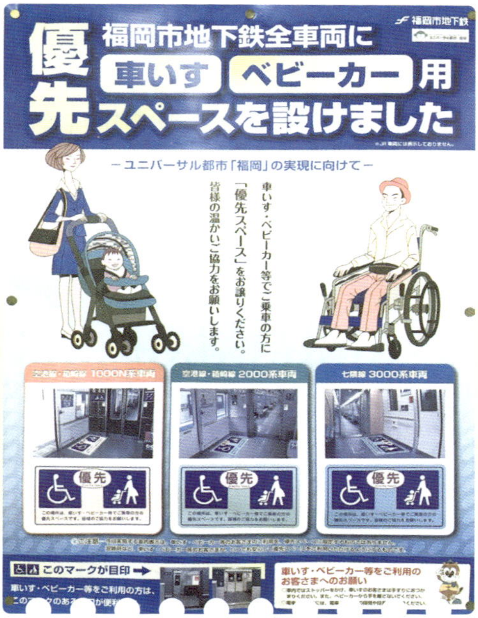

日本福冈市地铁的所有车厢内，都设置了残疾人轮椅和童车专用停放位置的海报。

在日本，所有企业必须遵守《日本残疾人基本法》以及《老年人、残疾人等无障碍通道促进法》《无障碍化新法》等相关法律。很多日本企业除了关爱员工之外，还积极参与无障碍化社会环境建设，关爱顾客、关爱老幼、关爱残疾人士。

三方得利

日本企业界有一些被广泛传颂的互利原则典故，其中包括近江（现在的日本关西地区滋贺县一带）商人的“三方得利”经营思想。**从商业角度总结概括就是：商家有利、厂家有利、消费者有利。这种互利思想已经广泛体现在日本的商业体系中。**

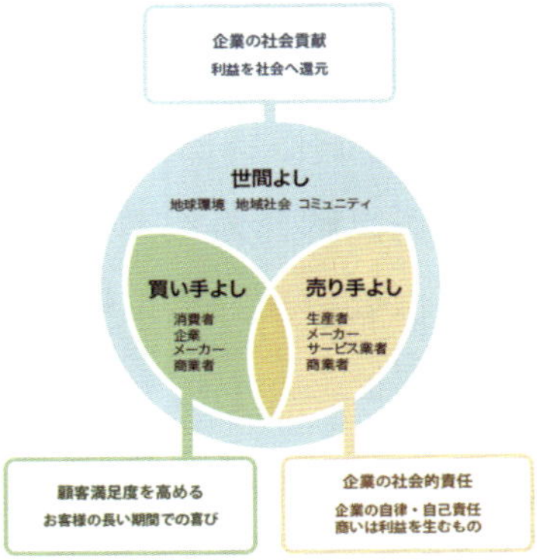

日本“三方得利”研究所官方网站的宣传内容。

社会贡献

很多日本企业在经营方针里体现“社会贡献”的理念，通过积极参加社会公益活动为社会做出贡献。近年来，有些日本企业在每年编报的《社会责任报告书》里，积极宣传本企业参加公益社会活动的“社会贡献”事例。

日本某上市公司在电车里向公众宣传的《社会责任报告书》中的社会贡献事例。

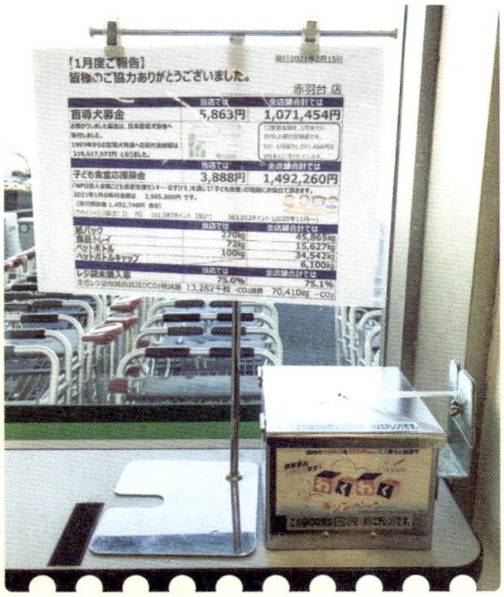

有些日本超市管理公司向社会公众宣传的，反映本企业热心公益捐赠的社会贡献事例。

保护环境

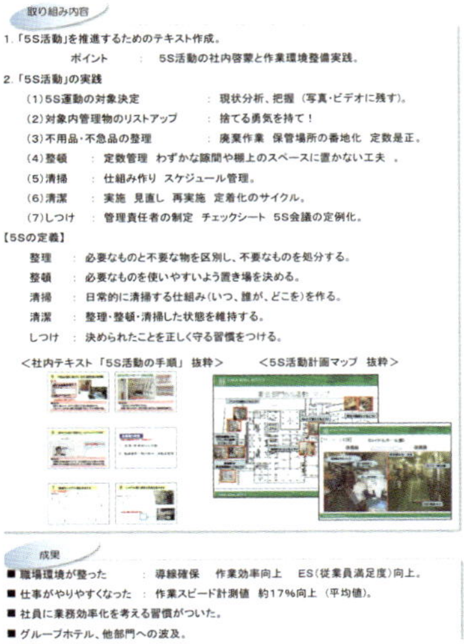

取り組み内容

1.「5S活動」を推進するためのテキスト作成。

ポイント　：　5S活動の社内啓蒙と作業環境整備実践。

2.「5S活動」の実践

(1)5S運動の対象決定　：　現状分析、把握（写真·ビデオに残す）。

(2)対象内管理物のリストアップ　：　捨てる勇気を持て！

(3)不用品·不急品の整理　：　廃棄作業　保管場所の番地化　定数是正。

(4)整頓　：　定数管理　わずかな隙間や棚上のスペースに置かない工夫　。

(5)清掃　：　仕組み作り　スケジュール管理。

(6)清潔　：　実施　見直し　再実施　定着化のサイクル。

(7)しつけ　：　管理責任者の制定　チェックシート　5S会議の定例化。

【5Sの定義】

整理　：　必要なものと不要な物を区別し、不要なものを処分する。

整頓　：　必要なものを使いやすいよう置き場を決める。

清掃　：　日常的に清掃する仕組み(いつ、誰が、どこを)を作る。

清潔　：　整理·整頓·清掃した状態を維持する。

しつけ　：　決められたことを正しく守る習慣をつける。

<社内テキスト「5S活動の手順」 抜粋>　　<5S活動計画マップ　抜粋>

成果

■ 職場環境が整った　：　導線確保　作業効率向上　ES(従業員満足度)向上。

■ 仕事がやりやすくなった　：　作業スピード計測値　約17%向上（平均値）。

■ 社員に業務効率化を考える習慣がついた。

■ グループホテル、他部門への波及。

近年来，保护环境已经越来越多地体现在日本企业的基本经营理念里。社会各界也在采取一些实际措施支持企业增强环保意识。

银行对保护环境有贡献的企业实行优惠贷款利率。有些上市公司也积极向社会公告获得银行优惠利率奖励的信息。

借助环保意识降低经营成本也是一种保护环境的经营理念。

创造价值

为了适应国际经济大环境的变化，企业面临如何依靠自身力量改善经营业绩。有部分日本企业摸索到了对策方案，经营业绩得到了改善，也有些日本企业始终一筹莫展。

从企业价值观念层面理解的话，企业经营业绩得到改善，以下方面是关键：

创造新价值

日本企业每个会计年度都准备了充足的新事业预算资金，积极开拓新业务、新产品、新技术。企业不满足于现状，明白不进则退的客观事实，以至诚心态开拓新领域的精神来创造新价值。

创造附加价值

产品企划部门是企业负责人的直属团队，该部门负责人往往是下一任经营管理层的核心人选。这个部门以研究附加价值更高的产品为优先目标，体现了居安思危的危机意识和创造附加价值的经营理念。

节俭省出价值

日本企业要求部门所有员工参与业务改善工作。通过业务改善，改进产品质量，降低企业经营成本，体现了精益求精的精神和节俭省出价值的经营方针。

持续改善

持续进行业务改善是很多日本企业保持青春活力的秘诀。社训也反映着持续改善的基本经营理念，例如“每日改善”“细节改善”

以及“全员改善”。在各个业务部门内一般都有专题业务改善小组，如5S管理小组，全面成本管理小组，全员质量管理小组。

5S管理中五个日文单词的发音都是以罗马字母S开头，所以简称为5S，翻译成中文是“整理、整洁、清扫、清洁、修养”。这五方面的管理工作不是独立存在的，而是一套完整的持续改善管理制度。有些日本企业在编报每个年度的《社会责任报告书》时积极宣传本企业的业务持续改善事例。

日本经济产业省也积极征集各行各业的业务改善事例，聘请专家归纳整理了先进事例公布在其官方网站上。

顾客至上

在竞争激烈的日本商业社会，即使企业的经营理念里没有相关顾客至上的描述，很多企业也都在积极做好顾客至上的工作。作为顾客，关注的不是企业宣传了多少经营理念，而是真正做了哪些具体的管理措施。

某日本餐饮企业在给顾客提供的湿纸巾上打印本企业的经营理念。

技术是爱

“技术是爱”是企业尊重技术的一种表达方式。有些日本企业的基本经营理念中就包括尊重技术部门、尊敬技术人才、重奖技术成果。有的企业采取了以下具体措施：

在人事习惯上尊重技术

一些日本企业的传统人事习惯是，每一届经营管理层里至少有一位是技术部门出身的员工。即使社长本人不懂技术，副社长或常务董事至少也是技术部门出身的元老级员工。

在工资待遇上尊重技术

日本企业的工资待遇核算标准里，有一种技术职能岗位补贴金，目的是提高技术人员的工资待遇。只是注重精神奖励，而不是在物质上优待技术员工的企业，都可以理解为负责人既不懂企业精神，也没有尊重技术人才的理念。

在技术成果上尊重技术

日本企业的员工考核办法中，有一种技术成果重奖制度，目的是鼓励员工积极参与技术开发工作。只注重形式上的条条框框，使用各种指标考核员工的企业，都可以理解为管理层既没有企

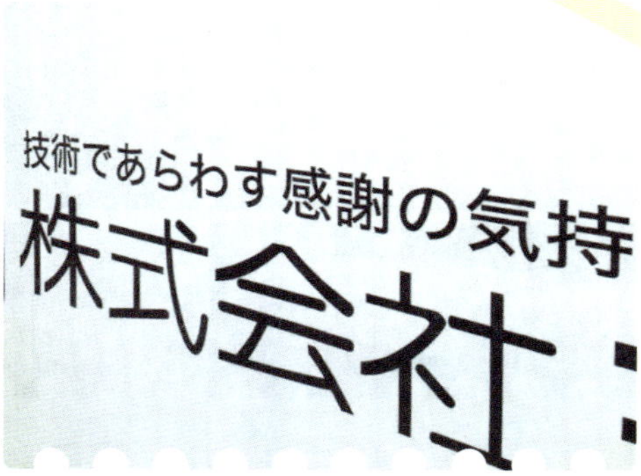

业精神，也没有理解技术是爱。

有些日本企业内的石雕作品上雕刻着“技术是爱”。技术是爱、技术有爱、技术积累、技术传承，这不仅是企业发展的根本，也是国家产业的根基。

某建设工地上的宣传口号“用技术表达感谢”，这句话表达了企业尊重技术的基本经营理念。

细节管理

细节管理精神已经反映在日本各行各业的经营管理业务中。

日本超市里的细节

在日本某超市，仓库铁门上保护商品的细节管理措施：除了在每扇门上标注了进或出，还安装了塑胶缓冲片。这些管理细节感动顾客，感动员工，也会“感动”即将出售的商品。

日本餐厅里的细节

日本料理店内汤碗的防滑措施：一个小小的防滑垫可以预防意外烫伤，食客放心，企业安心。

日本咖啡店里的细节

日本咖啡店内饮料杯下的防滑措施：一个小小的防滑垫，体现出商家的体贴入微式服务。

左图：
日本餐厅细节

右图：
日本咖啡店细节

日本出租车里的细节

日本某出租车公司保护乘客安全的细节管理措施：在座椅上安装了提醒司机减速的按钮，乘客无须言语，操作方便。

日本地铁里的细节

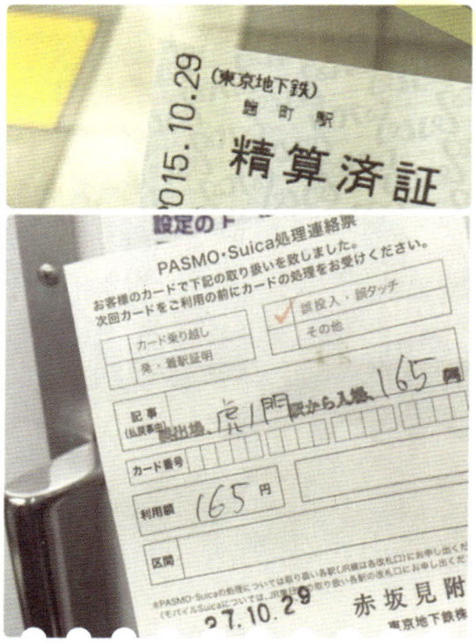

2015 年我在东京乘换地铁出现差错，地铁公司采取了紧急细节应对措施。当时我换错了路线，地铁公司的乘务员没有要求我补票，并且迅速写了一张差错处理单，交给我一张精算车票，顺利改换了正确路线。

日本建筑工地里的细节

东京繁华路段的建筑工地旁，建筑公司采取的保护行人安全的细节管理措施：除了铺装行人专用通道，还在建筑工地的拐角处贴上了防护海绵垫子，防止意外碰撞擦伤。

日本医院里的细节

日本某医院门诊接待处提供患者及陪同人员都可以免费使用一次性口罩。

日本建筑工地细节

日本医院里的细节

日本中小学校的细节

日本某小学操场上会设立一些避免磕碰的细节管理措施。很多学校的操场上会发生意外受伤事故。希望还没有注意到这些细节的学校，建议尽快采取措施，防止学生发生意外受伤事故。学生安全，学校高兴，家长安心。

日本公园里的细节

以下图片是一些日本公园里的电线杆和其他标志性物体上的管理号码，便于游客了解自己的具体位置。

日本中小学校细节

日本公园里的细节

公开谢罪

日本企业发生了重大不良经营行为或者社会反响较大的经营事故后，只是说一声“对不起”，是不会被社会认可的。

不直接表达“谢罪”，就是不承认错误的表现。谢罪不仅仅是道歉，道歉不是谢罪。真正意义上的谢罪行为，意味着道歉的同时，还要有直接表达谢罪诚意的，真正付出赔偿补过的行动。

企业如果已经发生不良行为或者经营事故，需要做的第一件事情不是解释原因，而是立即召开记者会，由企业负责人公开谢罪。有些企业还主动邀请记者访谈负责人，然后登报谢罪。很多企业内部制订有涵盖公开谢罪的应急预案，包括立即行动召开记者会谢罪。

团队精神

员工之间需要保持多远的距离？

企业组织在追求正能量目标时，团队精神体现出的行动力确实是强大有力的。偏激的企业组织很容易纵容团队成员的不良行为，甚至会包庇舞弊行为。

偏激的团队精神也是导致社内政治加剧的一个重要原因，很容易使管理层之间或管理层与员工之间产生矛盾，甚至影响日常生产经营活动。社内政治是长期存在于日本企业内部的一种组织风气，也是一种企业文化。

为了增进中日企业的友好交流，我的意愿是努力宣扬正能量的事例，尽力淡化类似社内政治的负能量事例。

纽带关系

很多日本企业的员工在对外商务活动中富有团队精神，彼此之间分工明确，这种团队精神与他们日常协调、磨合密切相关。

日本企业的高管普遍把团队成员视同家庭成员。既然与企业是一种长期稳定的雇佣形态，自己的经济利益及社会信用与企业是紧密相连的，那么把企业当作大家庭也是应该的，团队的成员自然也是家庭成员，彼此之间是一种纽带关系。

目前有很多年轻的日本企业员工已经不太注重以企业为家的思想意识，甚至不以团队纽带关系为荣，而是关注自己的工资待遇和发展空间。即便新老员工间存在着一定的思想代沟，从目前的日本社会风气以及企业员工的工作态度来看，大部分员工仍然注重与所在团队的纽带关系。

最近几年，外国企业从日本企业猎挖技术人才时，更注重招聘技术团队或者产品团队，而不再单独招聘员工。这说明外国企业已经开始注重日本企业员工的团队力量。

从日本企业跳槽到外国企业的员工也明白，外国企业很难保证长期高薪雇用自己，同时他们也知道，一定期间内若没有整个团队支持的话，外国企业也是难以独立掌握相关技术或者运行产品项目的。

日本有家族式企业、大财团或投资机构控股企业、购销企业、相互持股的民间企业等。无论哪一类型的企业，都在尽力给员工提供安定的工作职位，努力使员工的个人利益、家庭利益和企业利益紧密相连，保持纽带关系。只有这样的企业文化，才能使员工安心工作，自豪地以企业为家，专心积累工作经验，无私共享技艺，保持长期的团队合作精神。

近年来，很多日本企业深受欧美企业管理模式影响，除了积极地改革人事制度和改善工作方式外，也在采取或试行一些淡化终身雇佣体系的举措。有很多日本人在选择工作单位时仍然像选择婚姻对象一样，做好了从一而终的心理准备。

他们希望在该企业工作到退休，安稳度过一生。**退休以后，日**

本人每年仍然积极地参加“老东家”举办的离退休人员联谊会或离退休人员自发组织的集体聚会。这种“老东家”聚会是联结企业与离退休人员的重要纽带。

和颜爱语

我有幸与一位资深的日本注册会计师一起工作了10年左右。他从事了30多年的企业审计工作，在2018年自己的退职酒会上，回顾总结了他的职业生涯，深情赠给我们这些后辈两句话：**和颜爱语！团队精神！**

图片是这位前辈在酒会上赠送给每位参会者的纪念毛巾上的词句。

工龄奖励

很多日本企业每年定期召开员工大会，表彰达到一定工作年限的员工，给予精神及物质上的奖励。除了发放奖金以外，还发放奖状或者奖章。例如，给连续工作10年以上的员工，发放铜质奖章；

给连续工作 20 年以上的员工，发放银质奖章；给连续工作 30 年以上的员工，发放金质奖章。

有些日本企业除了奖金和奖状、奖章外，还另外赠送给员工几十万日元的家族旅游补贴金。这些奖金足以满足员工家族 1 周左右的日本国内豪华度假所需的交通和住宿费用。

员工对企业多年的工作贡献，必然离不开其家族成员的支持。因此，家族旅游补贴金更多是以企业名义给员工家庭的真诚谢意，这种福利胜过金钱利益，这种谢意也在持续维持着一个企业大团队的稳定和成长。

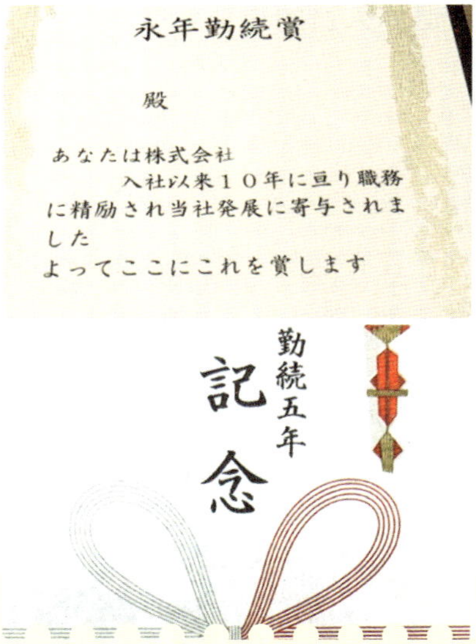

一些朋友获得的工龄奖励相关的奖状和奖品。

根回禀议

在日本企业内部，当需要决策一些重大经营管理事项时，通常提前私下与相关领导打好招呼，然后编写一份工作报告审查批准。这种协调磨合的工作方式，重点不是平常所见的《禀议书》或《决裁书》的内容本身，重要的是私下事先获得相关领导的想法和意见。

相关业务人员在完成“水面”下的沟通协调之后，再书面汇报给负责决策的领导审阅批示。在日本的一些百年企业，尤其是某些传统行业中，“水面”下的梳理意见分歧比形式上的书面报告更重要。当书面上获得领导的集体决策意见之后，这份工作报告又会回到汇报人手中，并由汇报人具体执行决议内容。

虽然现在很多日本的大企业已经通过网络进行电子审批手续，但是大部分中小企业还是采取传统的书面方式进行审批手续。实务中比较常见的传统方式是通过提交“禀议书”或“决裁书”等书面报告的方式进行审批。

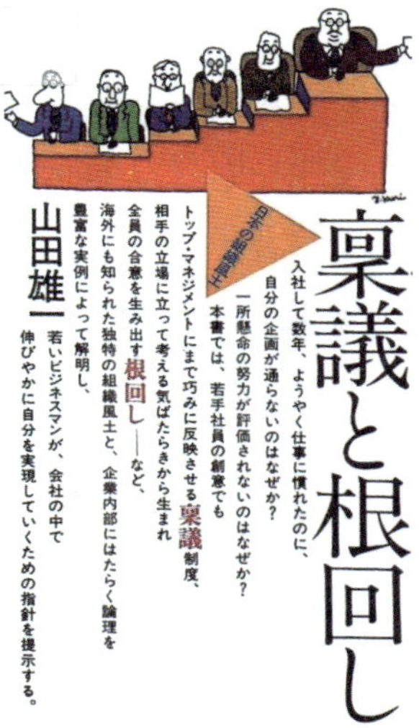

这种工作方式在日语中叫作“根回”，原意是指在移动树木时，事先将其根部修剪整理，然后再将树木移植。这种修剪整理的工作方式，也是磨练企业员工团队精神的一种组织管理习惯，至今仍然广泛根植于日本企业文化中。

在日本的一些公共图书馆可以免费借阅一本论述根回禀议的书籍，建议感兴趣的读者阅读学习。

“人财”投资

很多日本企业制订了一些厚待员工的人事制度和福利政策，作为一种“人财”投资。这些制度和政策很难评估短期内的收益效果，企业期待的是长期人事战略方面的投资收益，其中包括可长期维持企业竞争力的团队精神。

提供工作时间越长，退职补偿金额就越大的“工作年限递增累进式”退职慰劳金制度（并不是所有的日本企业都提供）；免除租金（只收取宿舍管理费）或低租金提供员工宿舍；福利补贴员工的低息住宅购房贷款；赞助补贴企业员工互助会的活动经费；选派忠诚员工利用保薪留职的方式出国留学深造等。

从日本企业的成长历史来看，优厚的人事制度和福利政策确实可以使员工对企业产生强烈的归属感和忠诚心态，也能够在企业组织内部形成具有高度统一性和协调性的团体意识形态。

利益平衡

有些日本企业的骨干人员都是共事多年的老同事，互相信赖、支持，在企业内形成了一个个抱团取暖的小团体和帮派。这些小团体和帮派之间的利益平衡调整，被称为社内政治。**社内政治风气是一些日本大企业的企业文化，有时候会严重影响企业经营。**

利益平衡调整使小团体或帮派之间的矛盾升级，这不仅会导致管理层大幅调整，还会影响正常的生产经营活动。这些小团体和帮派成员之间对外行动是协调一致的。

内部矛盾通常是尽量互相协调，解决矛盾冲突，争取达到可以接受的利益平衡。这种利益平衡调整，不仅体现在员工的奖金待遇上，也体现在员工的升职及工作安排上。这种讲究利益平衡的企业文化，有利于企业内各部门成员保持团队精神。

服从安排

很多普通员工每天除了勤奋工作外，还要时刻汇报、联络、请教工作（日本企业新员工培训中必不可少的“菠菜汇报模式”，即“报告·联络·相谈”），有的员工甚至在痛苦地忍耐上级领导的职权暴力、人格侮辱，小心翼翼地服从领导安排。

平时员工在工作中不慎犯点小错也会非常紧张，犯错后更要及时认错，避免与别人解释争论，决不能得罪领导，脱离团队群体。

一旦冒犯领导或孤高自赏，哪怕是犯了一点小错，除了被要求检讨谢罪外，还可能会遭受心理惩罚或冷暴力，例如被长久派到自己不愿去的岗位，或被团队闲置边缘化。

通常情况下，不服从安排的结局就是被迫提出辞职。**一旦从某家大中型企业辞职后，再顺利找到愿意终身雇用自己的大中型企业，并不是一件容易的事情。因此，员工具有任劳任怨、服从安排的心理素质，也是团队精神的重要组成部分。**

国民素质

日本企业员工的团队精神，其实还与国民素质密切相关。员工在工作中表现出的团队精神是从幼儿园阶段开始教育培养的，是在法律法规的约束下得到强化的，也是在社会风气支持下得以保持的。

培养团队精神，是日本幼儿园和小学的基本教育方针。强调团队荣誉淡化个人成绩，也是日本的基本教育国策。在日本的中小学运动会上，大部分团体表演和竞技项目的最终目的是培养学生的团队精神。

有些国人来日本的幼儿园和中小学参观访问后，不禁感慨整洁干净的校舍和学生懂礼仪有素质。因此就写出了以下感想：幼儿园不干净，小学肯定干净不了；小学不干净，中学干净不了；中学不干净，大学干净不了；这些大学生走上社会，社会又如何干净得了？

教育体系影响着国民素质，国民素质影响着企业员工的团队精神。经常会听到有人说“孩子还小，慢慢来教育吧……”其实，这是一种极端消极的错误认识。如果家长没有良好的素质，又如何教育孩子？同样道理，如果经营者没有良好的素质，又如何领导自己的员工？没有良好素质的员工，又如何表现出团队精神呢？

核心雇佣

核心雇佣不等同于终身雇佣。在日本企业界，终身雇佣已经是一个陈旧概念。近年来，为了改善经营管理、提高经营效率，有些日本企业在逐步提高非核心部门员工的自然淘汰率，逐渐把传统的全体员工终身雇佣人事体系，转变为以核心员工为中心的核心雇佣人事体系。

这种核心雇佣制度，只对核心的干部员工和技术员工提供终身雇佣，福利待遇、人事评价也偏向这些员工实行。

越来越多的日本企业在实施“蜜糖与鞭子”式的员工雇佣措施，恩威并施，给予员工优厚的经济保障，也给员工施加一定的人事评价压力。

也有一些年轻员工认为，终身雇佣结合年功序列制度，曾经保证了日本社会与企业的稳定发展，维持了日本经济的长期持续增长。

时代在变化，今天这种制度也滋生了众多拿着高薪不干活的闲散老员工。《日本劳动法》有着严格的员工辞退标准，这些老员工也曾为企业做过贡献，企业也顾及经营形象不敢轻易辞退这类“功臣员工”。逐渐地，这种人成为人事麻烦和组织负担。

员工富有团队合作精神的光荣传统可以持续多久？这个问题日益成为经营者一项重要课题。随着欧美企业文化的渗透，新兴创业型企业的增多，以及日本国内外经济大环境的影响，日本企业改善雇佣环境的话题，也经常被新闻媒体报道和评论。

员工墓地

有些日本企业购置了专门埋葬本企业员工的墓地，把逝去的退休员工埋葬在墓地灵塔下。企业的新老经营者及新老员工，每年都会定期到老员工墓地举行隆重的扫墓仪式。为了表示对逝去员工的缅怀之情，也是对新员工进行现场教育，希望他们忠心，以企业为家，培养归属感，自愿终身跟随企业成长。

保持距离

一些员工在日常工作中时刻注意与团队内其他成员保持距离。老员工会耐心地提示新员工与其他团队成员应适当保持一定距离。虽然没有绝对正确的距离标准，但是据一些日本企业员工解释，团队成员之间适当保持1米左右的距离，是可以接受的。

这个距离一般能够听清对方说话，也不会突然发生肢体接触。从团队成员之间的距离，可以多少看出彼此之间的熟悉程度和信赖程度。为了尽快融入新的工作团队，应适当观察团队成员之间的距离，把握自己与其他成员间的距离。

除了空间距离外，如何保持合适的心理距离？也是令很多员工心累的事情。心累、烦琐的事情往往会导致职场气氛紧张，增加员工心理压力，最终爆发职场内或是社会暴力事件。

保留空间

虽然因工作关系或兴趣爱好，大家可以成为朋友，但是彼此之间应保留一定的私密空间，这是一种尊重态度。

即使是很好的朋友或同事，日本人一般也很少邀请对方到家里做客。日本企业员工之间很少主动谈论工资奖金，也谨慎议论比较敏感的个人隐私。这与日本人的待人接物观念及个人隐私保护意识有很大关系。

与日本同事一起工作时，我发现有人居然把保留空间的思维方式，灵活运用在如何讨好上司领导上。例如在提交工作报告时故意不是把所有结论都写出来，而是把一些显而易见又很重要的表达词汇保留给领导去批注，视为尊重领导的表现机会。

对于需要集体讨论的工作问题，有其他同事在场的情况下，并不发表自己的全部观点和意见，而是刻意把一定的表达空间，保留给领导，使领导能够画龙点睛地概括讨论结果。

工作关系中与日本人交往时，千万不要因为感受到对方的友善和气，就以为与对方会很快成为亲密无间的哥们朋友。

中国人之间根据交流气氛或彼此的心情、缘分，有时候会瞬间成为无话不说的朋友，无所顾忌地互相询问工资收入和人事待遇，甚至公开谈论彼此的个人隐私。与日本人成为朋友时，通常需要一个热处理阶段，需要保持一段心理缓冲。

曾有日本企业的员工抱怨，说有的中国人确实待人热情，很友善地大声谈论一些个人隐私，但是对于没有海外经历的日本人而言，常常感到不安。

某些日本企业的员工无论与亲朋好友还是与同事领导，即使关系非常亲密，也都注意互相保留一定的私密空间。**他们认为，如果大家都能这样做的话，不仅是一种彼此尊重，还可以为解决突发矛盾保留回旋的余地。**

暧昧的亲密关系，私密的个人空间，也许是很多日本人梦寐以求的思想境界。为了更好地在日本企业内工作，更好地与员工沟通交流，只有理解了保留空间的道理，才能心有灵犀地读懂赖以生存的社会和职场氛围。

在日本，保留空间，才有朋友；读懂空气，才能读懂友情。有了朋友和友情，自然就有团队接受容纳。

谨慎观察

与日本企业员工沟通交流时，应理解一些员工谨慎的性格：无论在工作中，还是参加业余活动，他们会对一些任务事项的细节反复确认，生怕出错，对已经口头确定的事宜，有时也会通过电子邮件再次描述一遍。

很多日本员工参加商务会谈时，认真倾听对方的每一个提问，仔细记录每一个要点，谨慎观察现场气氛。但是对于对方提出的问题，他们一般并不着急给予答复。参加会谈人数一般也是 2 人以上，很少见到企业派出 1 人单独参加的情况。这种做法，既有互相协助的目的，也有互相牵制的意图。

谨小慎微

日本员工谨慎行事的工作作风，可能与日本人从小养成的谨小慎微的性格有关。谨小慎微不仅表现在工作习惯上，还表现在日常生活和思想意识上。

当你把他当作好朋友、无话不说时，他未必会严格保守你的秘密。其实在他心里始终与你保持一定距离。距离是一种美感，也是一种自我保护。当你的秘密涉及他人利益或触犯法律时，他可能会告发你，他并不想伤害你，但会优先保护自己。

在日本乘自动扶梯时，关东地区的人习惯靠左边站，而关西地区的人习惯靠右边站。造成这种差异的原因可以追溯到江户时代。

江户时代，以东京为中心的关东地区有很多武士，武斗频繁发生。为了谨慎起见，武士们习惯靠左边走路，这样可以随时从左边腰间拔刀搏斗。而以大阪为中心的关西地区，当时是繁华的商业区域，有很多商人每天拿着行李盘缠来来往往，为了安全起见，商人们习惯靠右边走路，这样可以随时看护好自己的行李盘缠不被偷盗。

无论是为了谨慎起见，还是为了安全起见，生活在空间狭小及生存压力巨大的社会环境里，日本人不得不时刻谨慎地待人处事，小心翼翼地生存。

近年来，日本的电车等公共运输企业开始要求乘客们并排两列使用扶梯，禁止单侧搭乘扶梯。

在职场上，很多员

工也时刻保持谨慎，生怕出错。即便是同一团队使用电源插座时，每一位成员也非常谨慎地选择自己的插口位置。

一般而言，距离电源开关最近的插口是团队职位最高的成员使用的，距离电源开关最远的插口是职位最低的成员使用的。每当有重要的事情需要与对方团队沟通的时候，我通常根据插口位置初步判断哪位是对方团队的领导。通常情况下，这种判断不会出现差错。

尽量避免团队成员之间的性格冲突、语言摩擦、职位差异，谨慎处理好工作中的细微之处，是团队精神中不可缺少的元素。

互助精神

同行是朋友还是敌人？

联合优惠活动的精髓在于不把同行当作敌人，而是当作朋友，互惠互助，实现双赢。

互相信赖

企业之间都是在互相信任的基础上进行业务合作的。日本企业在与陌生企业做生意时，首先要做的工作就是信用调查。信用调查的方法根据企业规模大小和商业合作的目的而异，一般是有偿委托第三方信用调查公司进行调查。

有时，企业经营者的兴趣爱好及性格特征也会被调查、总结得非常详细。根据委托调查的内容及范围不同，信用调查报告的内容也会有所不同。在日本，没有信誉就意味着没有生意。一旦企业之间建立了互相信任的关系，业务合作会持续很久。

在进行重大购销交易时，有些日本企业即使面对老客户，也不会主动提出签订书面合同，而是按照彼此遵守了多年的老规矩办事。

因没有商业合同导致企业之间发生矛盾纠纷的事件时有发生。有些日本企业宁愿选择信任对方，维持先辈们流传下来的商业关系，遵守多年来传统的信用。

2008年发生雷曼金融危机时，日本的一些中小企业突然宣告破产或面临资金周转困难，导致银行和投资者成为这些企业的股东或债权人。在这种突发情况下，很多日本企业感到交流、合作是存在一定的信用风险的，难以立即建立牢靠的信赖关系。因此，这些企业就开始主动签订书面的合同协议，或至少要求共同签订一份框架合同。

一些日本企业的经销商，不仅是上游企业的经营战略策划者，也是该企业的业务流程监督者，为了避免矛盾和误解，一般不干预该企业的日常经营管理。彼此间本着互相信赖的原则，共同营销产品。这种互相信任的基础，是彼此认可“以和为贵”“和气生财”的经营之道。

为了开拓市场扩大销售，很多日本企业优先考虑的是如何通过开发附加值更高的产品，与已经占领先机的企业进行竞争。**与其通过雷同产品进行重合性竞争，不如通过技术优势进行差别化竞争。**

日本企业的很多先进技术与尖端产品，其实是由多家企业共享技术、共同研发，共同获取产业链上的利益。共享技术、共同研发的重要前提就是互相信赖。合作多年的日本企业之间，在销售产品时，不仅互相派驻技术人员一起工作，也互相接受团队现场讨论、研发新设备。这种员工互派制度，是企业品质管理体系的重要组成部分，也是一种相互信任的表现。

这种互相派驻制度也存在管理弊端和经营隐患。被派驻团队若过多干预入驻企业的研发实务，接受派驻的企业很容易失去研发主导权；若被派驻人员过多参与入驻企业研发之外的经营管理业务，接受派驻的企业不仅容易丢失重要客户，也容易丢失某项整体业务或事业。

一些日本零售企业，几十年如一日，没有更换过主要商品供应商，并且很少干预供应商的零售价格，根据市场行情双方共同进行合理的价格调整。这种互相信赖关系，是日本企业互助精神的主要体现。

互利原则

当某一类产品深受市场欢迎时，日本企业并不会一哄而上，也决不会以次充好。在很多市场领域，新老日本企业在非常默契地维护着合理利润空间的前提下，展开激烈的市场竞争。举办优惠促销活动时，坚决避免恶意降价的营销战略。宁可增加赠品，也决不擅自改变销售定价。

有一些坚持互利原则的典故被日本企业界广泛传颂，其中包括近江商人“三方得利”的经营思想。“三方得利”从经商的角度总结就是：商家有利、厂家有利、消费者有利。这种互利思想已经广泛体现在日本的工商业体系中。

互产互消

挂川车站内土特产超市里张贴的关于互产互消模式的宣传海报。

互产互消是日本一些偏远地区的中小企业间互帮互助的

新颖方式（此处“消”有“销售”“消费”之意）。它已经超越了传统的“地产地消”方式，对不同地域的不同企业采取优势互补、产品互补的方式，优化商品流通环节，简化零售渠道，各地生产后在异地经销、消费产品。

联合优惠

联合优惠是一些日本餐饮企业间互帮互助的新颖方式。为了争取更多的回头客，在同一区域的数家餐饮店铺会联合起来，提供给共同的中长期食客优惠。

这种联合优惠的方式，超越了传统餐饮店铺提供单一折扣的优惠方式。为了避免在同一区域发生过度竞争的局面，也为了防止部分中长期食客被忽略，导致顾客外流，各家餐饮企业主动采取产品优势互补的营销方式，从中长期食客的口味和健康出发，优化每日餐饮的品种，争取店铺与食客形成互动互利的局面。

这种联合优惠活动的精髓在于，不把同行当作敌人，而是当作朋友，互惠互助，实现双赢。

有序竞争

日本企业在行业协会、经济团体的指导或在主要会员的自治下，共同维护着本行业合理的市场价格。**日本企业之间很少进行以单纯降价为手段的竞争大战。**

不可否认的是，确实存在着排斥外国企业品牌、产品的现象。一些出口到日本的外国产品，无论从质量还是品相上，丝毫不比日本产品逊色。但是多年来，很多外国产品在日本市场的零售价格相对较低，也很难进入主流零售企业的超市及百货店柜台。

造成这种局面的主要原因是：一些日本老牌企业除了严密控制着流通渠道外，还与新闻媒体亲密合作，不断宣传本国产品的优越性。

相关行业协会及经济团体的指导方针也起着关键作用。这种协会指导参与的做法存在行业垄断嫌疑，必须承认的是，确实防止了企业间恶性的无序竞争，还在一定程度上抵御了外国产品对本国产品造成的威胁。

2013 年，美国某知名网约车公司刚进入日本市场几个月，就被福冈当地政府禁止营运，被定性为违法运营。根据日本道路交通安全法规定，载客盈利的商业行为必须要有出租车许可证。

当上述美国公司进军日本市场时，最先带领会员企业进行抵制的就是日本出租车行业协会。该协会在经过市场调查后，征集了部分会员企业的意见，分析判断了这种网约车，会严重扰乱日本出租车市场的正常商业秩序，侵犯本土出租车公司的商业利益。

日本出租车行业协会向日本国土交通省提出了具体的反对意见和理由，导致网约车在日本的业务被扼杀在摇篮中。日本政府经过市场调研后，明确认定该公司的网约车业务严重破坏了日本出租车行业的公平竞争原则，同时预测这种商业模式将助长不法运营，存在着威胁乘客安全的隐患。

日本政府最终没有向这家公司颁发在日本开展网约车业务所需的营业许可证。

为了维持有序竞争的行业格局，日本对很多行业进行严格的细节管控。

日本的出租车行业是一个被全方位管理的服务行业。无论是行业监管部门的监管，还是出租车司机的自我管理，都非常严格且注重细节。很多出租车被 24 小时全程监控，车内实况被全方位录音、录像。在日本乘坐出租车时，不应随意谈论涉及商务及个人信息等敏感事宜。

相互扶助

在日本，有很多基于相互扶助原则成立的经济合作社、企业合作社等经济组织。“协同组合”是根据日本相关法律成立的经济合作社组织，主要有消费生活合作社（《消费生活协同组合法》）、农业合作社（《农业协同法》）、渔业合作社（《水产产业协同组合法》）、中小企业合作社（《中小企业等协同组合法》）等。

协同组合与株式会社最大的区别是，协同组合不以营利为目的，由会员共同组织、运营、管理。

日本的第一个产业组合法是1900年制定的，至今已有100多年。因为当时日本还是农业国家，所以农业协同组合在日本最先得到推广和发展。至今，农业协同组合仍然是日本规模最大的协同组合。

“企业组合”是根据两部日本法律成立的中小企业合作社组织。第一部是《中小企业等协同组合法》；第二部是《中小企业团体组织相关法律》。

企业组合与株式会社虽然都是以营利为目的的经济组织，但是企业组合的投票表决权以组合中会员人数为统计标准，而不是以出资额为统计标准。

节俭精神

日本企业有哪些节俭文化?

整个日本社会都认同节俭是美德而不是小气。日本各行各业不仅制订了有关节俭的规章制度，而且定期组织内部培训，总结指导节俭行为。

从一些日本企业的员工手册上可以了解到，企业期望员工通过节俭行为，培养爱社精神，增加企业效益；从一些日本企业员工的工作方式，如减少打印、减少使用电梯等可以感受到，他们希望通过节俭行为逐渐养成良好习惯，提高职业素养。

一些日本企业家日常并不穿金戴银，出差并不一定住豪华酒店。在日本，不炫耀财富、不讲究排场、不攀比名牌，也是一种节俭精神；一些日本产品广告中，除了产品的自身功能外，企业还特别注重宣传产品的节能节电特点；从一些日本企业对外公告的宣传资料中可以阅读到，企业不仅愿意积极承担社会责任，还愿意对外宣传自己的节俭事例。

日本企业的节俭精神，已经反映在企业管理的方方面面。以下是一些日本企业具体实施的节俭事例。

午休关灯

很多日本制造业工厂的办公区域，在中午休息期间，一般是12点至13点，一律关灯。关灯后，有些办公室内比较昏暗，如果员工需要紧急查找物品，需要使用应急手电筒照明，原则上禁止开灯。

在每个办公桌附近或办公室的特定位置，一般都挂有防灾救急背包，包内装有应急手电筒。除了制造业工厂，很多日本企业在午休时间安排专人轮流值班，照常对外营业。

夜晚关灯

为了控制员工的加班时间，一些日本企业规定某个时刻后禁止加班，繁忙季节在晚上9点后，其他季节在晚上8点后，办公区内的所有办公室统一关灯。有些日本企业甚至在规定时间点强制统一关闭包括电脑在内的办公设备。

作为普通的日本企业员工，当天该完成的工作还是要完成的。无论是责任心的体现，还是担心来自领导的压力，办公室关灯了，很多员工会回家或者转移工作场所继续工作。

巡视关灯

企业每个部门的下班时间不同，下班后各个办公室的状况也不一样。为了检查员工下班后是否彻底实施关灯规定，也为了检查办公器具的电源关闭情况，很多日本企业制订并实行巡视关灯制度。

本企业或是物业公司的值班人员，会在下班时间后定时巡视办公区域，并详细记录每个办公室的灯光及办公器具的电源关闭时间。

集中办公

一些日本企业内部规定，值班人员有权指示加班员工聚集在同一办公区域内集中办公，并关闭其他办公区域的照明器具与电器设备。

外部中介服务机构临时在企业办公时，必须在指定办公区域内工作，如果需要进出办公区域，必须在值班室办理登记。

分区办公

一些日本企业把办公大楼划分成不同的功能区域，例如日常办公区、外来接待区、吸烟区、内部员工站聊区、禁言区、静思区，等等。正常下班时间之后，大部分功能区域会关闭，便于值班和物业管理，有利于节省水电及企业警备开支。

也有企业仿效欧美的做法，整个办公大楼只按照部门使用情况划分区域，员工没有固定座位，全面实行开放式流动办公，便于增加员工的日常交流机会，提高办公器具的共享使用效率。

两面复印

很多日本企业制订了复印机使用规则。其中的一个重要规定是，在复印文件资料时要求双面复印，以便节约纸张。严格禁止仅单面使用复印纸张。

登记彩印

有些日本企业规定，文件资料的彩色复印必须经过部门领导批准，而且复印后要记录在工作报告上，详细记录复印目的和张数。

打印联网

很多日本企业的打印机是联网的，使用时需要员工输入自己的专用密码。在日本，同时配置打印和复印功能的办公设备也很普及。员工每天的打印及复印的信息，包括彩色打印、复印张数及打印文件名称，都是自动记录的，便于日后查询或实时监控。

为了防止不必要的打印行为，一些日本企业定期公布公开各个部门的打印数量，分析、比较其中是否存在浪费行为。

打印机联网时导致的信息安全影响，反映出打印机联网模式的一些弊端。有关新闻报道也提示必须提前采取防范措施，注意网络信息安全。

成本公开

在一些日本企业的复印机旁，经常可以看到一张价格比较清单，详细列示了彩色复印纸和黑白复印纸的单价，可以提高员工的成本意识，控制打印纸张的消耗。

无纸办公

最近几年，很多日本企业制订了规定，全面推行无纸化办公。对企业而言，可以节省纸张，保护环境，节省纸质合同所需缴纳的印花税，加强信息保护，也可以利用网络监控员工的工作情况。

其中几个重要的规定内容，列举如下。

★ 1. 内务禁止打印

在处理本企业内部业务时，除了向外部单位提交的正式文件资料可以打印，原则上禁止书面打印，以便节约纸张。

★ 2. 推荐电邮传递文件

推荐员工通过在电子邮件内添加附件的方式，向外部单位传递文件资料，停止使用传真机，不仅可以节约纸张，还有利于文件保密。

★ 3. 电子扫描存档

把所有规章制度类文件及需要共享的合同类文件电子扫描后，整理编号并设置密码，分类存档在企业内部的区域网中。

★ 4. 原本统一存放

把企业所有文件电子化存档后，文件原本由专人负责统一存放在指定文件柜内，不再书面打印。

★ 5. 积极推动文件电子化

根据业务需要，给使用电脑办公的员工配置电子显示屏，便于日常工作中阅读电子文档，积极推动电子化处理文件。

★ 6. 全面实行电子审批流程

所有日常业务涉及的领导审批，统一通过电子自动化办公系统完成。

★ 7. 全面推行电子订单及电子合同制度

可以节约纸张，节省印花税（**根据日本税法规定，电子订单及电子合同等非纸质版免交印花税**）。

★ 8. 全面推行电子联网办公方式

所有与本企业关联的订单合同实行电子联网，实现实时无纸化传递或更新数据。争取与所有具备条件的供应商通过网络自动化办公系统，无纸化签订订单或合同。

二上三下

很多日本企业推行“二上三下”，即“2 Up 3 Down”的电梯使用规定。员工行动规范手册里明确规定，没有紧急事情时应自觉避免频繁使用电梯，严格遵守“2 Up 3 Down”。即在每一楼层的上 2 层下 3 层之间移动时尽量爬楼梯，不使用电梯。

特别是在楼层不高的办公楼内，除了迎送客人及搬运物品外，禁止员工使用电梯。

电车通勤

很多日本员工每天乘坐电车上下班，包括一些大中型企业的社长。很多企业没有购置社长办公用车，认为这样可以节省一笔数目不小的经费，减少停车位的拥挤。

很少有聘请专职司机的日本企业，员工外勤工作时，一般是驾驶公司用车或自己的车。也有日本企业鼓励员工骑自行车上下班，每个月发放自行车补贴。

一些企业社长外出办公时一般是租用出租汽车，或者乘坐自己的车。日本的电车也是非常准时的，有利于掌握时间。很多日本企业没有停车位或非常有限。在一些大城市，如果不提前打招呼就私自开车去拜访客户，反而是给对方添麻烦。

团购车票

对于员工经常往来移动的交通区域，经费管理制度内明确规定，除非因工作需要陪同客户乘车，否则包括社长在内的任何员工必须使用“回数券”乘车。

所谓“回数券”，就是一种团购优惠售票方式，即在团体买入某一往来交通区域的车票时，一般是买10张赠送1张。所有“回数券”由总务管理部门统一购买，集中管理。

空调限温

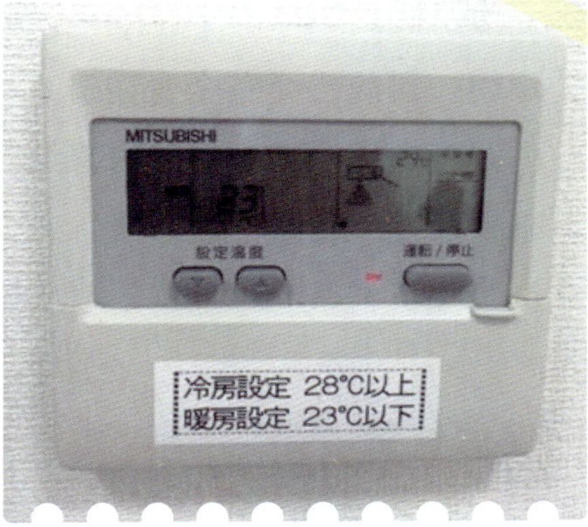

很多日本企业把夏季的办公室空调温度设定为 28℃，冬季设定为 23℃以下。

为了防止空调显示出错，空调显示器旁边还安置了温度计和湿度计，每天安排专人轮值负责开关空调及监控温度湿度。在一些人员较多的办公区域内，还在空调下方安置了特制的电风扇，有助于保持室内恒温，节约空调用电。

把空调限温在 28℃，是依据《日本劳动安全卫生法》的相关规定制定的。日本环境省（环保部）从 2005 年开始积极推进夏季轻装运动，作为保护环境、改善地球温暖化的一项措施，推荐日本企业把夏季办公室空调温度设定在 28℃。

《日本劳动安全卫生法》在企业场所卫生标准规则中明确规定，企业办公场所在安装了空调设备的情况下，室温应努力控制在 17℃以上、28℃以下，及相对湿度在 40% 以上、70% 以下。

2018 年夏天，日本一些地区连续高温，一些企业员工中暑病倒。空调限温规定遭到了企业员工的消极执行，一些社会人士也开始指责空调限温规定。

有些日本企业开始逐渐允许各个部门灵活执行空调限温措施，已经不再强制性要求高温天气下必须遵守空调限温规定。

节俭是美德，但节俭不是小气，过度地要求员工节俭，企业有可能缺乏大气并失去大局。

在炎热的夏季，虽然规定室内空调温度必须设定为28℃，但是在客人即将来访之际，接待人员很贴心地把空调温度设定在26℃。

为了提高员工的工作效率，日本企业也在积极采取措施完善办公环境。目前已经有企业在研究防止员工打瞌睡的空调系统，通过室内温度、照明亮度、气味等综合分析员工瞌睡行为。以此研究为基础，开发“瞌睡退散系统”。当员工出现打瞌睡迹象时，将室温调至24℃，能最有效地赶走“瞌睡虫”。

空调位置

一些日本企业编制了专门的空调购置安装手册。手册里记载了一些技术性要求，还总结了节省电力及维修保养费用的注意事项。

经过实际调查比较，变换空调位置可以节省电力，减少故障的发生。

空调一般是由专门的空调安装公司安装测试的。企业不断总结空调使用注意事项，持续优化使用效果，同样有助于外部专业公司参考借鉴。

企业总结记录类似空调位置优化的管理细节，是非常有效的持续改善措施，也是非常值得推广的企业节俭事例。

便座节电

为了节约用电，很多日本企业采取一些季节性节电措施。除了严寒季节，统一停止马桶盖保温及自动开合功能。

有些日本企业对员工提出具体的节电要求，如每次上厕所后关上保温型便座的马桶盖，每个保温型便座一年可以节省数百日元的用电。

轻装规定

在炎热的夏季，很多日本企业规定了“轻装季节”。所谓“轻装季节”，就是在上班时间不需要佩戴领带，穿着正装。每当“轻装季节”，日本企业会在公司网站或公司前台公布“轻装季节”的具体时间。

日本企业积极响应日本环境省（环保部）的号召，从2005年开始积极推进夏季轻装运动。

职人精神

日本企业员工如何“退而不休，休而不退”？

职人精神是职业人的敬业精神。在日本，随着经济发展，职人精神不仅仅是传统手艺技师们的匠人精神。目前日本民众主要尊崇的是手艺技师及制造加工业人员的职人精神，已经成为日本各行各业学习追求的职业精神。

并不是每一位员工都是职人，但职人精神鼓舞激励着成千上万的日本人努力工作，提供各种优质服务，制造各种优良产品，这是正能量的一面。随着时代变迁，职人精神也给日本社会带来一些负面影响，反映在很多方面。

对于刚毕业就入职的新员工而言，从接受岗位培训开始，与工作有关的优异个性往往容易受到压抑，一些特长也被逐渐磨平棱角。

普通员工过于追求职人精神，一根筋地做事，视野也会变得局限。

技术员工过于追求技术性完美，往往容易养成忽视时间成本的工作习惯。

员工过于追求稳定职人生涯，企业人才与企业的产品就都会日渐趋向均质化和平庸化，企业也会逐渐趋向保守经营，从而失去成长活力。

日本全民都固守职人精神，会导致国民失去创业欲望和动力。因此，不应过度解读，也不应片面学习职人精神。

日本的职人精神具有正负两面的影响，其积极上进的一面是值得推崇和称赞的。

为了中日企业员工的友好交流，我尽力通过聚焦正能量的事例来正面解读职人精神。我总结的职人精神是：职人气质地工作，持之以恒地工作，凡事彻底地工作，不畏失败地工作，保持灵魂地工作。

职人气质

了解日本人的职人气质，首先应明白这个词的含义。日语可以直接翻译成中文的职人气质。日语的“职人”习惯上翻译成中文的“匠人”。日文里没有“匠人”这个汉字词汇，但有“工匠”这个词。

在日文里，可以用“匠”字表达工匠的含义。“匠”的日语发音与“巧妙”的发音相同，“匠”有“巧”的意思。**职人气质可以理解为能工巧匠的脾气性格和工作作风。**

介绍日本东京大田区制造加工业职

人事例的一本书，书名使用了“工匠”一词。

日本东京大田区产业振兴协会近年来也定期在其官方网站表彰区内具有优秀工匠精神的企业。

在日本，职人主要是指有一技之长的技师或服务行业的专家，包括木匠、瓦匠、面包师、厨师、酿酒师、理发师、注册会计师、律师、医生、工程师等。

这些行业可以细分成两大类，一类是传统手工艺匠人，如木匠和瓦匠等被称为“职人”（即中文的“工匠”）。另一类是知识专家，如注册会计师和律师等被称为“先生”（即中文的“老师”）。

通过与日本企业员工沟通交流，我发现他们中的很多人对职人精神的认识是平淡的，有的人注重从精神荣誉层面理解职人精神，更多的人还是从工作态度层面来理解。

有的员工基于责任感做好工作，被别人夸赞具有职人精神时引以为傲。

经常可以看到一些资深员工或有一技之长的人，工作中带有强烈的个性。这种个性，有的是在钻研过程中形成的；有的是从师傅那里传承的；有的是从父母遗传得来的（很多日本家族企业仍然保留着传统的单子相传制度，也保留着女婿可以继承家业的做法，这些制度注重的不是血缘，而是技艺或事业的延续）。

职人精神里，除了技能，还有个性的传承。这种理念，是职人气质的一种重要表现。

在日本，了解“人间国宝”制度，也是了解职人气质的重要内容。日本政府在昭和 25 年（1950 年）制定了《文化财保护法》，其中第

71条第2项就是“人间国宝”制度。

这项制度通过财政资金的支持，支援保护认定的匠人、职人与相关团体。每位“人间国宝”享受日本政府每年数百万日元（约十多万人民币）的补贴金待遇。可以接受政府补贴金的职人范围相当广泛，从传统音乐、舞蹈、歌舞伎、文乐、落语（日本相声）到陶艺、染织、漆艺、金工、木竹工和纸等。通过实施“人间国宝”制度，日本职人的社会地位越来越高，社会责任感也越来越强。

资深职人对自己的技艺或作品充满自信，也经常挑剔自己或徒弟的作品细节，追求完美。

制造加工企业的职业培训教材和实务操作规定，都指导员工要真诚地把灵魂投入作品中，在“作业入魂”“一品入魂”等职业精神鼓舞下努力工作。这种把灵魂与作品亲密融合的信念，是职人气质的核心思想。有些日本企业还在网站上积极宣传自己的每一个产品都是“一品入魂，匠之技术”。

现代日本企业员工的职人精神，既有传统工匠气质，也有现代职业人气质。下述三个观点是我对职人气质含义的理解和认识：责任观念，传承理念，入魂信念。

持之以恒

很多日本人持之以恒地专注一种职业。为了干好工作，乐于接受一些励志名言的鼓励。“一生悬命”可以翻译成中文“一生努力”，要求职业人把一生都贡献在所从事的职事上，这是其敬业精神的一种表现。“一筋”可以翻译成中文“一根筋”，即专心、专注、专业地干好工作，持之以恒地掌握技艺。

他们为了防止不进则退，不断学习，接受职业培训。很多日本企业至今仍保持着师傅带徒弟的培训制度，师傅直接面对面手把手亲自传授。据说这种师徒培训方式在江户时代就已经盛行，是匠人职业生涯的起点。

日本企业培养职人气质的方式多种多样，而且已制度化、专业化。

很多日本大中型企业已经建立健全的包括“OJT 制度”与“OFF–JT 制度”在内的各种职能培训体系。OJT 是英语 On the Job Training 的略写，中文的意思是“岗位技能训练”，OFF–JT 是英语 Off The Job Training 的略写，中文的意思是“离岗专业培训”。

一些日本企业对员工的专业资格考试费用，实行部分报销或支付补贴金的福利制度。日本政府也对报名参加职业教育训练课程，且符合一定条件的企业员工支付一定金额的补助金。

《职业训练法》是日本关于国家人才战略布局的重要法律文件之一。日本厚生劳动部依据该法律及相关配套法律法规，在其官方网站上常年公开关于职业教育训练课程补贴金制度的政策解答。

日本厚生劳动部于 2018 年 3 月在其官方网站上公布了关于“2017 年度企业员工能力开发基本调查”的结果。该结果显示，日本企业对正式员工实施的岗位技能培训率，2017 年度仍然保持在 71.2% 的高水平（2016 年度是 74.6%）。

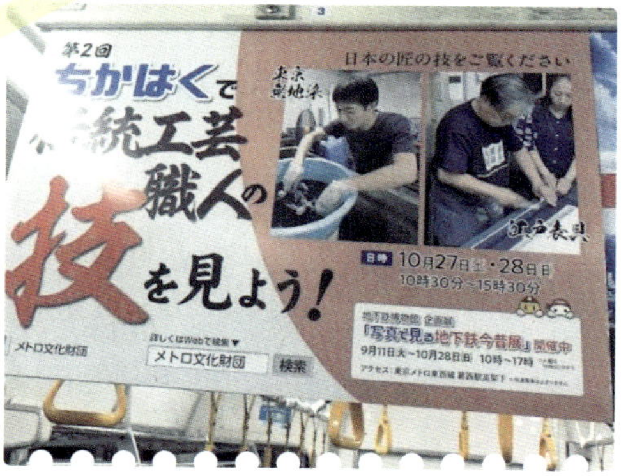

2015 年我在东京的电车内拍摄了一张照片，是关于日本国家工程之一“木匠育成塾”的宣传海报。日本政府大力支持这种举国体制培养匠人基础人才的务实政策，不仅帮助企业培养人才，也是在给国

家储备人才。这种匠人技师是建设国家根基的栋梁。

2018年10月的某一天，我在东京的电车内拍摄了一张关于日本地铁文化财团组织的“地铁沿线职人”社会公益活动宣传海报。这种由企业财团公益性宣扬职人精神的活动值得称赞。

日本老师也教育学生学习《论语》中的“克己复礼”精神，严以律己，持之以恒地做事做人。回顾我的日本大学生活和孩子在日本接受教育的过程，再加上我在日本企业的工作经历，真切感悟到中华思想文化的精髓部分，已经贯穿了日本的教育体系和企业培训体系中，也自然构成了日本职人精神中不可缺失的一部分。

即使在很普通的岗位上，日本人也任劳任怨、持之以恒地干到圆满退休。我在大学期间，曾住过学生宿舍。宿舍内运营着一个学生食堂，我的早餐和晚餐基本都是在这里解决的。长谷川滋子负责学生的营养管理工作。她是一位非常敬业的营养师，在这个普通的学生宿舍食堂里，任劳任怨地工作了整整35年！

这位长谷川女士对学生非常热心友好，常值班到晚上8点，等我们从大学图书馆回宿舍吃晚餐。我与她有过几次对话，非常平易近人。这位营养师已于2016年退休，但她持之以恒努力工作的职人精神，给我留下了深刻印象。

还有一些员工退而不休，休而不退。他们退休后继续充满爱心和激情地从事喜欢的工作。很多退休的高管非常积极地为来访的中国企业家授课，交流经营管理经验。

根据日本《高龄者雇佣安定法》规定，企业应保证有工作意愿与能力的人员被雇佣到年满65岁，因此大部分企业都会采取一些措施，雇佣员工继续留在本企业工作。

被继续雇佣的老员工，职务及技能补贴等都会被变相取消，工作收入会大幅下降。目前日本企业员工的法定退休年龄为65岁，只有年满65岁才能领取法定养老金。

由于社会的老龄化给养老金体系造成严重的资金负担，医疗及老年人社会保障费用也在持续增长。在这种状况下，政府需要采取各种措施来解决社会老龄化的问题。

措施之一就是延长企业员工领取退休金的法定年龄。这种做法一定程度上也会引起企业员工的公愤，他们职人精神中的社会理念也会面临严峻考验。

《日本经济新闻》于2018年6月发表了一篇文章，分析认为日本“经团联”的核心领导成员（19位会长、副会长）已经出现高度的均质化。

（1）全员都是男性。

（2）没有一位外国人。

（3）没有一位官僚。

（4）没有一位中小企业高管。

（5）全员高龄（最年轻的62岁）。

（6）全员都没有跳槽经验（大学毕业后从一而终）。

最后一点证实了即使是日本主流大企业的高管们，也都持之以恒地从事一种职业。这些长期占据大企业领导岗位的高管的社会形象，也是有赞有贬的。从近几年发生的大企业舞弊案件分析，资深高管之间多年的工作情谊已经在企业内形成一种绝对权威。

这种权威既是一种集体行动力，也是一种高度的团队精神力量，但是也容易严重阻碍企业治理水平的进步。

尤其是一些大企业，存在着官僚主义和社内政治等大企业病，也缺失外部独立的评议机构监督。近年来，日本政府实施了一系列促进企业治理的措施，例如推进成立企业治理委员会和紧急事态发生后的外部调查委员会，以及增加聘用外部独立董事人数等。

这些措施对严密掌控着大企业经营团队的资深高管们而言，似乎是隔靴搔痒的效果。有些大企业高管与股东背景企业及政府背景组织机构关系密切，这也是深化企业治理时的难点和痛点。

“日本经团联”的会长被公认为“日本财界总理”，在经济方面的影响力不亚于日本总理大臣。关于日本经济的文章，也说明了日本企业文化的部分现状。

在很多日本大中型企业，女性、外国人或是转职应聘者，一般是难以得到重用提拔的。其中一部分人是在工作几年后，才感觉到面对的是一个暧昧难言的职业生涯天花板。

根据近年来公布的财报分析，很多企业的高管人员从大学或技校毕业在一家企业工作到圆满退休，没有跳槽。

凡事彻底

“凡事彻底”的意思是把平凡的事情做彻底，把应当做好的事情做彻底。“凡事彻底”是日本职场中常用的一句名言，是职人精神的重要组成部分。

一位日本企业家写作的《凡事彻底》，是一本从职场角度论述如何把平凡的事情做得不平凡的书，值得推荐阅读。

“凡事彻底”中的“凡事”与中文的“凡事”不是一个意思。很多日本企业家尊崇这句话，在日本企业，经常可以看到这句励志之言。

在一些日本建筑企业的工地入口处，经常可以看到“凡事彻底”的宣传标语，表达了日本建筑行业“凡事彻底”的工作作风。做到“凡事彻底”不仅需要耐心，也需要静心。心性的磨练是成为职人的第一步，很多日本人从小就处于一种心性被磨练的教育环境。

日本的中小学定期组织学生打扫厕所。这种活动可以磨练心性，教育学生认认真真地把平凡的事情做好。学生将来进入职场，自然也会彻底地干好工作。

在日本电车站的厕所内，有时候可以看到保洁员借助一面小镜子擦洗厕所尿斗底部，可以保证尿斗无臭味。也许没有人检查底部，但彻底地完成工作，保证无臭味和洁净卫生，是这些保洁员劳动成果的证明，是值得敬佩的职业精神。

不畏失败

为了彻底地干好工作，不畏失败是职业人应具有的心理素质。有些日本企业家的座右铭是“不畏失败，失败是成功之母”。

日本企业鼓励员工不要害怕失败，会给正在品尝失败滋味的员工颁发奖状和奖金。这种正面鼓励员工总结失败经验，争取成功的做法，是一种非常人性化的激励措施。当然，也存在因为不能忍受失败的痛苦而自杀的企业员工。在日本，几乎每天都有人因为各种原因自杀。

日本政府采取具体应对措施，设立公开的自杀预防电话。

日本企业为了及时把握员工情绪，预防突发事件发生，会定期聘请健康管理咨询公司的心理专家给员工测试工作精神压力。心理专家一旦发现有压力超标迹象，就立即请该员工接受进一步的心理咨询辅导，并且采取相应的减压措施：调换工作岗位，调换工作团队，调整工作安排，以低薪或停薪留职的方式短期休假，安排没有上下级关系的前辈与之谈心。

排除精神压力保持不畏失败的心理素质，也是职人精神的重要组成部分。

保持灵魂

日本企业一般不开展爱国主义教育，但是鼓励员工专注、专心、专业地做好本职工作，保持热爱日本的灵魂。令我印象深刻的是：有些员工在推介产品时特别强调，学习研究外国的先进技术和经验很重要，但是作为商品的主人应当保持“大和灵魂”。

有些日本企业即使聘请外国人当社长，也坚决保持着日本经营特色和“大和灵魂”，在强调积极推进国际化经营战略的同时，始终坚持决不把核心工厂、核心部门及核心技术转移至国外。

日本人留学海外并学有所成后，选择回国效力的比例非常高。在日本的政府机关、企业财团、大学研究机构内，很多骨干人员没有国外大学的文凭，但有丰富的工作经验或国外访问学习经历，并不以在国外工作为荣。

日本很多知名企业家和高管，学历都不高。通常是普通大学本科生或技术学校毕业生。在“和魂洋才”的思想意识下，很多日本年轻人从国外大学学成之后，自愿回到祖国效力。

提高企业综合实力，应当依靠保持着自我灵魂的企业员工。因此，**保持灵魂的企业员工，才是真正的具有职人精神的职业人。**

02

第2章

日本企业的日程文化

涉外日程
日本企业如何预定工作日程?

日程预约

日本企业非常注重工作日程的预约，尤其是会谈日程。除了突发事情，工作基本按照预定的程序步骤实施。日本企业有一些约定俗成的日程预约习惯。

日常商务活动需要在数个工作日前进行预约，若重大商务活动需要提前几个月甚至一年进行预约。

工作日程必须预约的原因多种多样。有些企业使用本企业的工作日历；有些是必须确认内部重要会议日程后才能答复；有时是接待客人的会议室必须预约；也有的是为了留出时间做好会议准备。

工作经验丰富的员工一般会按照三个步骤完成日程预约：

首先在团队内部调整好提议的日期和时间。

然后给对方相关人员打电话或见面交流，初步了解比较合适的日期和时间。

最后正式发给对方电子邮件，提议几个希望的日期和时间，等待对方确认答复。

日程确定后，日本企业很难接受对方随意进行变更。如果无正当理由，在日程前几日，突然随意取消活动，是非常失礼的行为。

工作日历

预约商务日程时，除了遵守预约原则外，还应事先了解确认，该企业是否制订了专用工作日历。工作日历信息具有重要参考意义。很多日本企业根据各季节的业务繁忙程度，定期更新工作日历。

有些日本企业还为管理人员与一线生产人员分别制订了不同的工作日程。有些服务企业在法定节假日期间可能正常营业，其员工的休假时间被相应调整到法定节假日以外的日子。

XX企业X月份工作日历

	X月1日	X月2日	X月3日	X月4日	X月5日	X月6日	X月7日
星期	星期一	星期二	星期三	星期四	星期五	星期六	星期日
法定节假日	XX节						
其他节假日		XX节					
本企业工作日	○	○	休	△	△	○	○

XX 企业 X 月份工作日历

	X月X日	X月X日	X月X日	X月X日	X月X日	X月X日	X月X日
星期	星期一	星期二	星期三	星期四	星期五	星期六	星期日
法定节假日	XX 节						
其他节假日					XX 节		
本企业工作日	○	休	休	△	○	○	○

注："休"表示本企业正常休假日；"○"表示本企业工作日；"△"表示本企业节假日的补休日。

据几位经常来日本出差的中国企业界人士感言，每次都能顺利地与日本企业预约面谈日程，主要得益于事先确认相关企业的工作日历。

他们会在企业的官网上直接查阅工作日历，以便安排合理的面谈时间。

有些日本企业根据工作需要，在本公司的网页上、挂历上或企业宣传资料上定期更新工作日历。

六曜日历

日本企业办理商业事务也有选择黄道吉日的习惯。一般是根据六曜日历的吉凶内容选择办理商业事务。如果是新公司开业，企业一般会选在“大安”的日子；如果需要办理诉讼案件，一般会选在“先胜”的日子。

六曜据说是中国三国时期的诸葛孔明所创，是中国传统历法中的一种注文，用以标示每日的凶吉。后来传至日本，是江户时代以来的民间日历，采用太阴历来占卜吉凶，分为先胜、友引、先负、佛灭、大安、赤口六种。

（1）先胜：宜办理诉讼等急事，尽早处理事务。上午吉，下午凶。有任何事情只要做得快就会好的意思。

（2）友引：早晨和傍晚适宜办理庆祝事宜，中午则是凶。是不论做什么都会相互吸引，无法决定胜负的日子。

（3）先负：这一天要保持平静，忌急事、公事、争端。下午吉。有“先行即负”的意思。

（4）佛灭：万事大凶，不分胜负。这天是“六曜”中最凶的一天。忌婚礼等庆祝仪式。有“佛圆寂之大凶日”的意思。

（5）大安：“六曜”中最大吉大利的一天。出行、搬家、开店、结婚等万事大吉的日子。

（6）赤口：这一天忌讳办理新事务。

会议日程

为了更有效率地与日本企业预约商务活动，除了事先确认工作日历信息外，还应确认该企业的重要会议日程。

有些日本企业的总务部门在年末会把下一年度的重要会议日程整理成表，传达给每一个部门。根据业务需要，各个业务部门会把表中的相关信息，以适当的方式转告给重要客户。

201X 年度重要会议日程一览表

月份	股东大会（年度会议）	董事会（季度会议）	经营战略会议（月度会议）	供销计划研讨会（月度会议）	战略客户交流会（季度会议）	其他重要会议
1 月份			1 月 8 日 8:30–10:30 视频会议	1 月 18 日 15:00–18:00 3 号会议室		1 月 31 日 18:00–21:00 专家教授联谊会 X 宾馆宴会厅
2 月份			2 月 8 日 8:30–10:30 视频会议	2 月 18 日 15:00–18:00 3 号会议室		2 月 1 日 14:00–17:00 行业协会年会 X 宾馆宴会厅
3 月份	3 月 30 日 10:00–12:00 X 宾馆大会议室	3 月 8 日 16:00–18:00 3 号会议室	3 月 8 日 8:30–10:30 视频会议	3 月 18 日 15:00–18:00 3 号会议室	3 月 28 日 16:00–18:00 1 号会议室	3 月 1 日 15:00–18:00 社友会 1 号会议室
……（略）						
12 月份		12 月 8 日 16:00–18:00 3 号会议室	12 月 8 日 8:30–10:30 视频会议	12 月 18 日 15:00–18:00 3 号会议室	12 月 28 日 16:00–18:00 1 号会议室	12 月 1 日 18:00–21:00 供应商联谊会 X 宾馆宴会厅

调整日程

日本企业在预约商务活动日程时，非常注重事先调整，尽量尊重每一位人员的时间安排。

某日本企业与某中国企业访日代表团在预约某次晚宴时，日本企业的接待干事通过日程调整表最终确定 6 月 3 日是晚宴最佳日期，选择这一天开会，可以保证每一位相关人员都可以参加商务晚宴。

日程调整表

姓名（假名）	6 月 1 日	6 月 2 日	6 月 3 日	6 月 4 日	6 月 5 日	6 月 6 日
田中社长	○	X	○	X	X	X
中某部长	△	X	○	△	△	△
村上科长	○	○	○	○	○	○
上林科员	○	○	○	○	○	○
张三律师	○	○	○	X	X	X
李四翻译	○	○	○	X	X	X
访日代表团	○	○	○	○	○	○

注：“○”表示确定可以参加；“X”表示不能参加；“△”表示目前尚不确定。

类似这种日程调整表，也可以利用专门的日程调整网站（注：**有些日本企业严禁在企业外部网站上调整工作相关日程**），在网上自动收集报名结果。

日本企业在预约商务活动日程时，也非常注重对方企业的日程希望，尽量满足对方企业的提议日程。仍以某日本企业与某中国企业访日代表团预约晚宴为例，中国访日代表团希望晚宴的最佳日期是 6 月 1 日，若调整这一天的日程确实有困难，6 月 2 日或者 6 月 3 日也可以考虑。

在这种情况下，上述日本企业通过日程调整表，把中某部长的工作日程适当调整，最终确定晚宴的日期为 6 月 1 日这一天。

日程调整表

姓名（假名）	第一希望 6 月 1 日	第二希望 6 月 2 日	第三希望 6 月 3 日
田中社长	○	X	○
中某部长	△：日程调整后 ok	X	○
村上科长	○	○	○
上林科员	○	○	○
张三律师	○	○	○
李四翻译	○	○	○
访日代表团	○	○	○

注：“○”表示确定可以参加；“X”表示不能参加；“△”表示目前尚不确定。

午休值班

很多日本企业午休时间照常对外营业。尤其是重要的业务部门，在午休时间会安排专人值班，电话照接，工作照做。日本的政府机关也是同样如此。

重要业务部门定期更新午休值班表，每一位员工都严格执行工作日午休时间正常办公的规定。我在日本企业办公的时候，会有员工在午餐之前特意与我打招呼说：“真对不起，今天值班守电话，在办公室内吃盒饭，就不一起吃午餐了。”

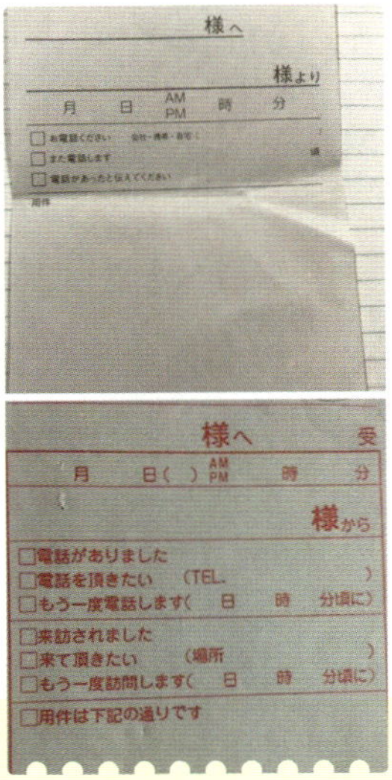
様へ
様より
月 日 AM PM 時 分
お電話ください
また電話します
電話があったと伝えてください
用件

様へ 受
月 日( ) AM PM 時 分
様から
電話がありました
電話を頂きたい (TEL.)
もう一度電話します(日 時 分頃に)
来訪されました
来て頂きたい (場所)
もう一度訪問します(日 時 分頃に)
用件は下記の通りです

日本企业的员工值班时使用的留言条。

内部日程
日本企业如何管理加班?

日程记录

在一些企业部门的入口处或墙壁上，悬挂着一块小白板，记录每一位员工的日程行踪。小白板记录的日程信息非常详细，其他部门的员工可以充分利用这些信息，合理安排跨部门业务时间，从而提高工作效率。

小白板的记录方式是多种多样的，我总结归纳了一份比较简略的《员工日程记录板》，作为范例供参考。

201X年6月1日 XX部员工日程记录板

时间	上午			中午	下午					备注
	9-10	10-11	11-12	12-13	13-14	14-15	15-16	16-17	17-18	（含预定）
员工	M：厂内开会；W：生产车间；S：吸烟室休息；L：休假；OM：外出开会；BT：外地出差									
田中	BT									6/1－6/10北京BT
中村		W	W							明日上午OM
村上	L（今日全天）									明日上班
上林				S						

有些日本企业只是采用《行动预定表》之类的简略方式，简要地记录着每一位员工的日程行踪，参见下表。

XX部员工行动预定表

员工姓名	外出日期/时间	归来日期/时间	备注
田中	6月1日－6月10日	6月11日回公司上班	北京出差，紧急联络电话号码：XXXXXXX8888
中村	6月1日 13:00-14:00	6月1日 15:00	与客户开会
村上	6月2日 9:00-12:00	6月2日 13:00	年度体检
上林	7月1日－7月3日	7月4日上班	休病假

虽然小白板的记录方式及摆放位置各不相同，但是它所提供的信息却是极其相似的。很多日本企业已经通过电子软件管理员工的日程，目前仍有企业没有抛弃使用小白板管理日程的传统习惯。

电子日程管理软件的功能远远大于小白板，但是小白板的便捷性与直观性，或许是 IT 系统很难替代的。

随着科技进步，小白板会与 IT 系统连接在一起使用。即便这样，通过手写方式直观记录日程的小白板，很难从管理风格谨慎、保守的日本企业消失。

无加班日

很多日本企业把每周的某一天或两天规定为无加班日。在此期间，公司规定全体员工必须按时下班。有些日本企业在无加班日的上午或午休时间，给全体员工发送一封电子邮件，提醒每一位员工“今天是无加班日，请按时下班”。

也有些日本企业在每周的无加班日，要求各个部门的负责人口头催促员工按时下班。如果有人在无加班日加班，则由部门领导直接承担事后检查追责。

一般情况下，部门员工是在陪同上司加班的。有时候自己的工作早就结束了，如果上司或部门领导还在加班办公，自己是不好意思或不敢下班的。

日本企业在大力推动工作方式改革，积极配合劳动监管部门督导，减少员工的加班时间，但是“陪同加班”，似乎还是一种根深蒂固的日本企业文化。

在一些日本企业的厂区内经常可以看到“每周的星期 X 是无加班日，请自觉按时下班”之类的宣传标语。日程管理非常细致的日本企业，在每个年末都会发送给关系密切的客户一份日程表，其中会特别注明本企业无加班日的具体日期。

有些日本企业的无加班日是每周一天，规定为周三或周五。有的企业无加班日是每周两天，规定为周二和周四。

连续工作了几天以后，很容易使人产生疲倦感。在无加班日里，员工可以提前回家休息，增加家庭团聚的机会，也可以增加社交的机会。下班后娱乐放松一下，确实也是一种调整工作情绪，提高工作质量的方式。

有些日本企业增多无加班日以减少员工加班时间，主要是为了严格遵守“劳动基准法”。有些日本企业实施无加班日的目的，则是改善工作方式，提高工作效率，减少加班工资支出。

最近几年，日本政府和行业协会也在大力支持企业增加无加班日以减少加班，期待以此改善国民工作环境，增加婚恋机会和消费机会，拉动相关产业的发展。

因为公司规定，在每个无加班日在正常下班时间后紧闭公司大门，关闭办公室内的所有电灯和电器。所以有的员工经常在无加班日正点下班后，到公司附近的咖啡店里一边喝咖啡一边加班，甚至有的员工还要回家加班工作。

遵守法规

日本的《工作方式改革关联法》从 2019 年 4 月 1 日起开始正式实行，所有日本企业必须遵守。

与之前制定的日本《劳动基准法》相比，该法律对企业员工的月度及年度加班时间上限、每日间隔休息时间及年度带薪休假天数进行了更加明确的规定。规定原则上每月加班不得超过 45 小时，每年不得累计超过 360 小时（但有特别例外规定）。

在前一天加班结束后到次日上班之前，企业必须为员工提供足够的间隔休息时间，以保障员工能得到充足的休息。

企业员工除了拥有每年 10 天以上带薪休假的权利之外，还有每年至少实际休息 5 天以上年假的义务。

企业作为雇主应向连续工作六个月及出勤率在 80%以上的劳动者提供带薪年假，规定第一个年度至少为 10 天，以后每年增加一天，第三个年度开始每年增加两天，第六年达到 20 天后不再增加。

限制加班

为了推进工作方式改革，提高工作效率，很多日本企业在允许加班的工作日，明确规定了加班时间。有些企业把工作日的最终下班时间规定为 18:00，有的规定为 22:00，也有的规定为 23:00。超过这个时间时，任何加班都需要部门领导直接批准并汇报人事部门。

有一些企、事业单位为了控制员工加班，采取了在规定的时间把员工电脑强制关机的做法。虽然引起一些社会争议，但是毕竟是企业的自主管理行为，没有伤害到员工的切身利益，所以仿效这种做法的企业并不少见。

有些日本企、事业单位，利用电子邮件自动向所有正在加班的员工发送邮件，通知员工超过规定时间后禁止再加班工作。

左图是我获得的一项工作日程管理奖励（是一张已经充值的咖啡

消费卡）。一些日本企业为了奖励严格遵守包括禁止超时加班及正确记录工作的员工们的奖励措施举例。

超值周五

“超值周五”是由日本经济产业省与日本经济团体联合会（经团连）联合倡议发起的一项鼓励企业推行“早下班、多娱乐”的全民运动。

即在每月最后一个星期五，鼓励企业员工提早下班，享受周末。目的在于改变上班族的工作方式，促进个人消费，增加婚恋机会，促进生育，进而刺激经济增长。

日本政府与日本经团连是“超值星期五”的主要倡导机构。通过查询日本政府“超值星期五推进协议会”的网站以及一些企业团体的网站，可以看到很多针对企业员工提早下班后的活动建议，例如享受一个 2.5 天的周末旅行，喝个下午茶后去购物，三点后去喝一杯等。

有人提出意见，认为如果可以弹性处理提早下班，而不是规定在月底最忙碌的时候，效果或许会更好。

日本经团连对此的答复是：最重要的是应当改变国民的日常消费习惯。如同数年前日本举国推行实施“Cool Biz”一样，最初很多人对摘下领带是有抵抗情绪的，经过一段时间习惯后就好了。

日本政府正在推进中的“超值周五运动”的标识。

清晨日程

日本企业有哪些清晨办公的习惯?

清晨办公

有些日本企业的高管习惯提前几个小时到公司上班，职位越高，上班办公的时间越早。

保持这种工作习惯的原因多种多样，有的是在仿效前辈的做法；有的是为了给部下做出表率；有的则是被上级领导要求；有的是为了避开白天的工作高峰，在清晨集中精力，提前处理重要的电子邮件及审批文件；也有的是为了与重要客户保持基本相同的工作时间。

清晨办公的好处确实很多，不仅可以提高日程管理效率，也可以提前布置紧急工作计划，避免或减少部下及重要客户的等待时间。

一家日本企业的社长除了出差或外出办公，其余的每个工作日都坚持提前 2 个多小时到公司，几十年如一日。这位社长通过电子邮件或文件批示，安排给部下的工作指示大部分是在这 2 个小时内完成的。

这位社长最信任、最得力的几位高管也同样如此，坚持提前 1 个多小时到公司。这家企业的日程管理井井有条，员工的办事效率也较高，社长及高管常年如一日地保持清晨办公的良好习惯应是其主要原因。

清晨值班

有些日本企业日常要求所有部门实行清晨值班制度。部门在每个工作日都会安排专人轮流值班，一般要求值班员工提前半小时或一小时到达办公室，除了接听重要紧急电话，还承担打扫卫生等工作。清晨值班的员工在当天的工作日程是弹性的，可以提前下班。

很多日本企业都制订了适合各个部门的清晨轮流值班表。有的张贴在饮水机旁边的墙上，有的张贴在办公室门后。

晨会时间

很多日本企业把晨会作为贯彻经营理念及传达经营信息的重要方式。根据不同的企业规模和传统习惯，有些日本企业每天召开晨会，而有些则每周或间隔一段时间才召开。

随着网络技术的不断发展，企业内部大力推行网络会议或电话会议，尽量节省员工的移动时间。

晨会时间管理已经成为重要日程管理内容。为了不影响日常业务秩序，很多日本企业尽量把具体的晨会时间，提前告知重要客户。

在日本进行商务活动时，应提前了解对方企业是否有召开晨会的习惯以及晨会的时间安排。

贸然拜访客户的话，会影响彼此的工作效率。不合时宜地在晨会时间内访谈，会产生不必要的打扰和误解。

以下简单列举了一些日本企业晨会，内容略有编辑，仅供参考。

企业晨会表

公司	晨会单位	晨会频率	晨会时间长短	晨会概要内容（举例概述）
A 公司	业务部门	每天 1 次	早晨 X 点 15 分开始，15 分钟左右	各部门员工围站成一圈，大声朗读《员工行为手册》的某一段内容后，由晨会轮值负责人发表简短评论。晨会的最后是传达公司管理总部的最新联络事项
B 公司	业务部门	每周 1 次	每周一早晨 X 点整开始，20 分钟左右	首先，全体员工齐声朗读公司的“经营理念”。然后，晨会轮值负责人或相关部门业务负责人传达讲解最新联络事项
C 公司	公司全体员工	每月 1 次	每月第一个工作日早晨 X 点整开始，30 分钟左右	使用公司的电视会议系统，首先由公司领导就《员工行为手册》的某一段内容，结合近期社会热点问题予以点评。最后由晨会轮值负责人，传达最新联络事项
D 公司	公司全体员工	不定期	—	采用网络视频方式不定期召开晨会，针对重要经营事项进行讨论

有些日本出版机构，还定期编辑发行《晨会指南》之类的小册子。我曾经阅读过几本，以下三点是关于晨会的读后感，供参考。

（1）晨会应准时开始。避免因晨会时间的拖延，影响正常的工作时间；

（2）晨会时间不宜过长。晨会的时间以 15 分钟左右为宜；

（3）晨会地点不宜经常更换。晨会的地点，应在固定的办公场所。

管理日程
日本企业员工如何做好时间管理？

时间管理

我曾经向日本企业员工请教如何管理工作日程，做好时间管理。有的员工表示，事先确定好工作的优先顺序是做好日程安排的关键。也有的员工表示，确定优先顺序是一件很难的事情，理解工作内容的重要性才更重要。

他们接受的业务培训课程中有很多关于时间管理方面的内容。但是大多案例分析是纸上谈兵，只能做参考而已。**在实际工作中，重要的是学会掌握工作优先顺序和重要性的平衡。**

工作的优先顺序，可以从截止日期和紧急程度来判断。如何计划在约定时间前顺利完成工作，其实并不容易。确定工作的重要性可以从工作目的和成果所反映的价值来判断，通常带有一定的主观性。

在实际工作中，学会确定工作的优先顺序和判断其重要性，是日本企业员工就职后需要首先掌握的技能。只有掌握了此项技能，才会做好时间管理，从而拥有正确的时间观念。

如果从日本制造业竞争优势观察、分析，为了做好时间管理，我认为至少有三点值得借鉴。

（1）保证产品质量，这是管理经验的日积月累；

（2）保证按时交货，这是时间观念的日积月累；

（3）保证员工技能，这是工作经验的日积月累。

从企业对员工的“52 要求”（即提前 5 分钟行动，提前 2 分钟集合）来理解时间管理的话，在日常工作中树立良好的时间观念，是做好时间管理的基本前提。

工作清单

在实际工作中，有些员工随时请示直属上司，小心谨慎地确定日程安排；有些员工倾向于根据同事表情圆滑地调整日程安排；有些员工根据前辈的指导意见，编制一份工作项目确认清单，据此确定工作的优先顺序。

简要归纳总结一份工作清单如下，作为范例，仅供参考。

工作项目确认清单

No.	工作内容	优先顺序（根据需要请教前辈）		截止日期	计划完成日期	实际完成日期
		重要性	紧急程度			
1	完成与A公司的《商品共同开发计划建议书》	高	高	6月30日	6月20日	6月19日
2	解答C公司的咨询问题	高	低	7月30日	7月28日	7月27日
3	确定8月上旬访谈B公司总经理的具体日期、时间、地点	低	低	7月30日	7月29日	7月30日

日期记录

在日本各行各业经常可以看到日程管理记录。这种细心记录的工作方法，可以监督工作进度，避免重复工作。

日本建筑工地里的日期记录

在建筑工地，现场施工人员留下定期巡回检查的具体日期记录。建筑公司也把这些记录全面展示给所有路过工地的行人，这是建筑安全的定期宣传，也是一种管理自信。

日本出租车内的日期记录

以下图片是一些日本出租车内，司机留下的实施消毒工作的具体日期记录。出租车公司把这些记录全面展示给所有乘客。

日本超市里的温度及鲜度管理日期记录

东京的一些超市把冰柜定期温度及鲜度管理的具体日期记录全面展示给所有顾客。

日本养鸡场鸡蛋上的日期记录

以下图片是有些日本禽蛋公司养鸡场在出售的鸡蛋上打印的具体赏味日期记录。这种记录不仅可以避免流通环节的日期被更改问题，而且也可以直观性提示消费者注意食品过期问题。

日本料理店里的厕所卫生清扫日期记录

东京的一些料理店把厕所卫生清扫的具体日期记录全面展示给所有食客。

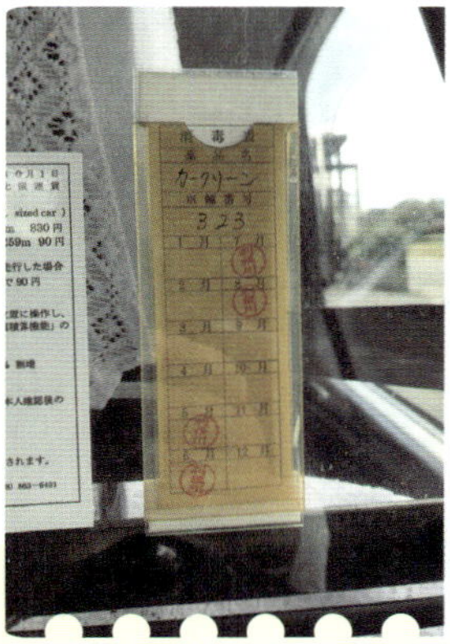
消毒记录

鸡蛋上的日期

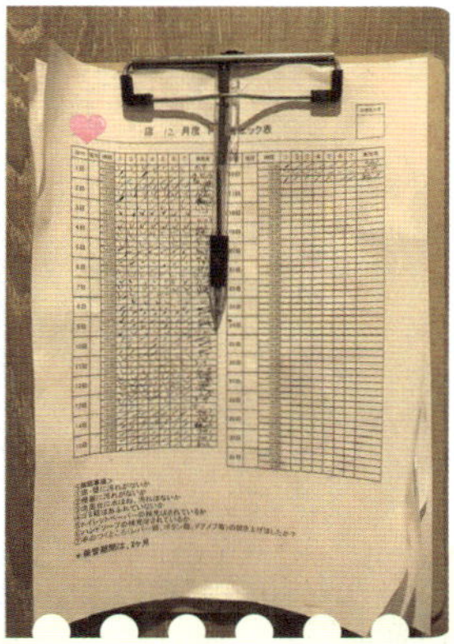
卫生清扫记录

日本理发店里的顾客服务日期记录

在东京的一些理发店里，顾客服务卡上记录着服务结果，包括顾客具体需求和注意事项，及来店理发的具体日期。

每次理完发后，理发师会把顾客服务卡交给顾客保管。顾客下次来理发时，理发师就不需要再询问已经记录在卡上的信息了。虽然这种方式比较传统，不如手机 APP 及网络管理那么高端，但是这种方式方便简洁，深受顾客喜欢。

在网络发达的今天，还坚持这种传统的服务方式，也是一种管理自信。

日期公告

在日本经常可以看到企业的对外日期公告，不仅便于接受社会公众监督，还可以避免或减少与民众的矛盾纠纷。

日本市政建设工程项目的日期公告

一些市政施工公司把项目发包单位及自己的联系电话对外公告，也把项目编码（便于工程管理者记录查询）和具体施工日期一起公告。

日本建筑公司施工现场的日期公告

一些建筑公司在工地旁，设立告知具体施工日期的公告牌。在公告牌上有建筑施工单位的联系电话，还有每天的具体施工项目。

有的公告牌是用传统的小白板制作的，有的是电子信息板。无论是哪种公告牌，都把整个工期及最近一周的具体施工日期详细对外公告。

在公告牌旁边还挂有建筑计划通知牌，不仅详细记载了建筑工程名称、占地面积、建筑面积、建筑结构、建筑高度、施工日期、完工日期和建筑公司、设计公司、施工单位的联系方式，还特别标注了此建筑计划通知牌是按照某相关条例第 X 条第 X 项规定设置的。

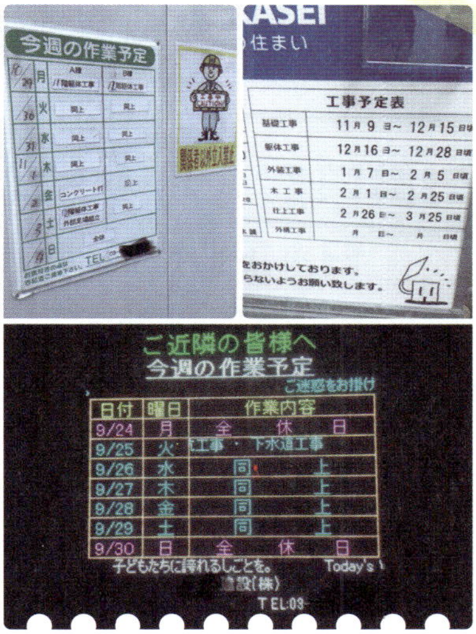

日本购物休闲广场的日期公告

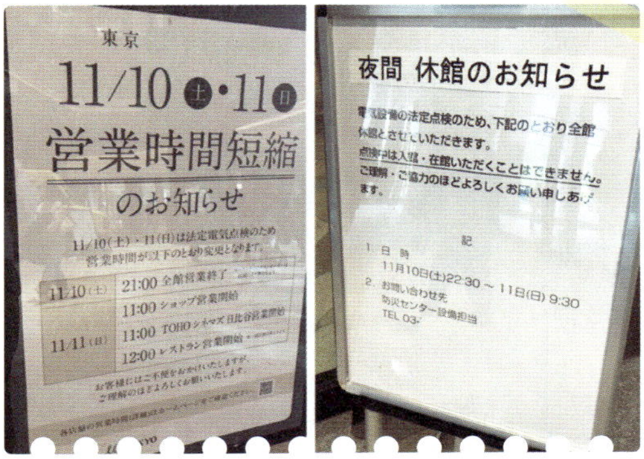

大多数现代化购物休闲中心很讲究服务信息公告牌的选用，公告字体打印清晰，公告牌也设计得很大方，可见其用心待客的服务理念。

节假日程
日本企业是如何放假的？

暑假问候

很多日本企、事业单位在夏季休假前，会在其官方网站上对外公布本单位的放假时间，也有些员工会预先给重要客户发送邮件，问候的同时也告知对方自己的休假时间。

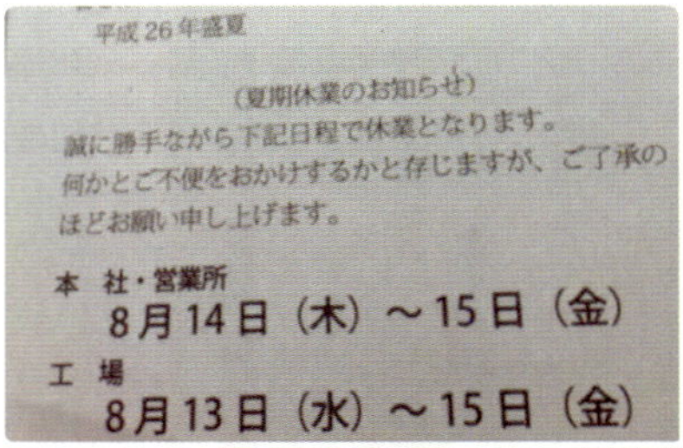

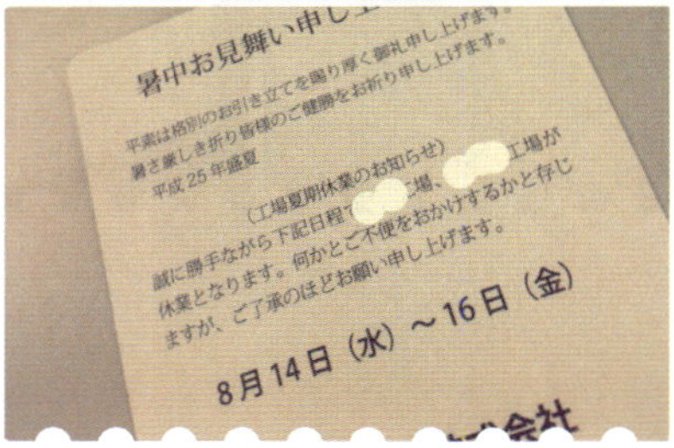

对一些比较传统的日本企业在面对重要客户时，员工会给对方寄送问候明信片。每年夏季即将到来之际，我都会收到一些日本企业客户寄来的明信片。

我在感激的同时，也了解了对方的日程信息，这种提前告知对于我安排工作而言非常重要。

年假通知

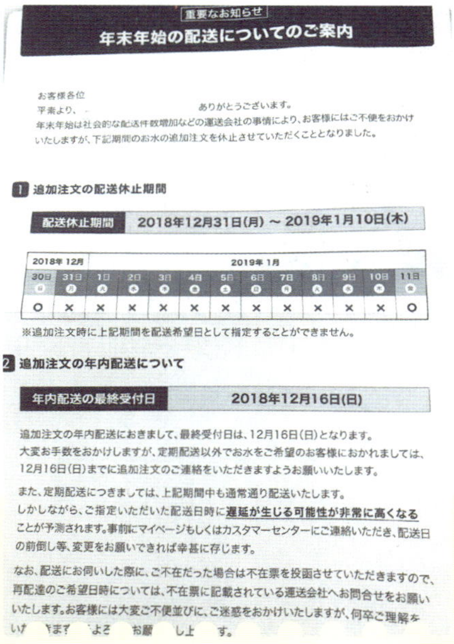

重要なお知らせ

年末年始の配送についてのご案内

お客様各位

平素より、　　　　　　ありがとうございます。

年末年始は社会的な配送件数増加などの運送会社の事情により、お客様にはご不便をおかけいたしますが、下記期間のお水の追加注文を休止させていただくこととなりました。

1 追加注文の配送休止期間

配送休止期間	2018年12月31日(月)～2019年1月10日(木)

2018年 12月	2019年 1月											
30日 日	31日 月	1日 火	2日 水	3日 木	4日 金	5日 土	6日 日	7日 月	8日 火	9日 水	10日 木	11日 金
○	×	×	×	×	×	×	×	×	×	×	×	○

※追加注文時に上記期間を配送希望日として指定することができません。

2 追加注文の年内配送について

年内配送の最終受付日	2018年12月16日(日)

追加注文の年内配送におきまして、最終受付日は、12月16日(日)となります。
大変お手数をおかけしますが、定期配送以外でお水をご希望のお客様におかれましては、12月16日(日)までに追加注文のご連絡をいただきますようお願いいたします。

また、定期配送につきましては、上記期間中も通常通り配送いたします。
しかしながら、ご指定いただいた配送日時に遅延が生じる可能性が非常に高くなることが予測されます。事前にマイページもしくはカスタマーセンターにご連絡いただき、配送日の前倒し等、変更をお願いできれば幸甚に存じます。

なお、配送にお伺いした際に、ご不在だった場合は不在票を投函させていただきますので、再配達のご希望日時については、不在票に記載されている運送会社へお問合せをお願いいたします。お客様には大変ご不便並びに、ご迷惑をおかけいたしますが、何卒ご理解[illegible]

很多日本企业进入新年休假之前，除了在网站上公布本企业假期外，也会预先给所有客户邮件发送或随商品寄送休假时间表。

通过时间表，不仅让客户了解了自己的休假时间，而且提醒了客户提前追加订购商品的具体期限。

一家矿泉水公司在 2018 年 10 月份，随同配送的矿泉水一起寄送给客户的书面通知。

家庭日

日本内阁府从 2007 年开始，把每年 11 月 23 日定为“家庭日”，把“家庭日”前后一周定为“家庭周”。日本的纪念日很多，差不多每隔几天就是一个纪念日。

在当今日本企业文化中改变了对员工家庭的观念印象，已经从“员工贡献青春给企业”逐渐转变为“员工家庭与企业互动”的时代。

每年有很多日本企业定期举办“企业家庭日”。这一天，企业员工会陪同家人参观办公室和平日很少去的厂区。参观结束后，还会在办公室内举办各种活动，如让孩子体验父母工作，员工与家属

互动，员工竞技比赛等。

企业会在所有参观和游乐项目结束后，在会议室或厂区草地上准备好美味佳肴，由企业高管们亲自来款待员工家属。

有些企业的“家庭日”是带薪休假，给员工福利的同时也是宣传企业自己。这种互动的“家庭日”不仅给企业带来更多活力，也给员工带来更大的工作动力。

带薪休假

法律规定日本企业的正式员工，每年享有一定天数的带薪休假。时间长短一般由其工作年限或职务而定。除了带薪休假外，员工还享有一些较长的福利性或季节性假期。

很多企业要求员工每年必须完成一定的休假比例。有些企业要求员工必须强制性完成休假或达到一定天数，也有些企业要求员工的休假比例必须达到50%以上，越来越多的企业将其作为一种人事考核指标。

有些日本企业在其官方网站或社会责任报告书中，定期公告企业员工的带薪休假比例或年度实际累计天数。

与日本企业预约商务活动日程时，应尽量避开员工的带薪休假及连休假期。除了企业自己规定的带薪休假，还要留意每年12月下旬至下一年1月上旬的元旦法定休假、5月份黄金周休假及8月份暑期休假。

连休长假

在日本，每年 5 月份的“红日子”最多（5 月 3 日是宪法纪念日；5 月 4 日是绿色之日；5 月 5 日是儿童日），这三天加上周末两天，形成了一个连休黄金周。

8 月份有盂兰盆节，又称“魂祭”“灯笼节”，是祭拜祖先、祈祷冥福的日子，各地都会举行有特色的庆祝活动。

日本企业一般视夏季的生产经营情况来决定 8 月份的放假天数，有休一个星期的，也有连休长达半月的。每年元旦的前后几周，则是上一年末和下一年初的连休长假。

法定节日

与日本企业预约商务活动日程时，事先了解日本的节假日信息是非常必要的。据统计，日本在一年中有 16 个国家法定假日。每个法定假日放假一天，如果与星期日发生重合时，补假到次日的星期一，日语称之为“振替休日”。

日本法定假日的具体内容

序号	日期	假日名称	假日简介
1	一月一日	元旦	大多数日本企业元旦前后连休一周左右
2	一月第二个星期一	成人节	根据目前的日本法律，年满 20 岁的青年，才能成为法律意义上的成年人
3	二月十一日	国庆节	日本的建国纪念日。神武天皇于公元前 660 年 2 月 11 日登基

续表

序号	日期	假日名称	假日简介
4	二月二十三日	天皇诞生日（天庆节）	德仁天皇的诞生日，2019年5月1日即位，年号“令和”
5	三月二十日或者二十一日	春分	日本天皇和很多老百姓在这一天进行春季扫墓活动，祭祀自己的祖先。关于该节日的日期，每年略有变动
6	四月二十九日	昭和纪念日	已故昭和天皇的诞生日
7	五月三日	宪法纪念日	纪念1947年5月3日宪法实施。大多数日本企业在这一天放假连休
8	五月四日	绿色之日	国民休息日，大多数日本企业在这一天放假连休
9	五月五日	儿童节 端午节	也称为男童节，是祝福男孩子健康快乐的节日。在这一天，很多家庭在自家屋顶悬挂鲤鱼彩带，表示庆贺与祝愿。同时日本把阳历5月5日也作为端午节
10	七月份第三个星期一	海之日	祭奠大海，宣传日本的国家海洋战略的日子
11	八月十一日	山之日	感谢大山带来的恩惠
12	九月份第三个星期一	敬老日	向国民宣传尊老思想，并向老年人敬送礼物的日子
13	九月二十二日或者二十三日	秋分	日本天皇和很多老百姓在这一天进行秋季扫墓活动，祭祀自己的祖先。该节日的日期每年略有变动
14	十月第二个星期一	体育日	纪念1964年第十八届国际奥林匹克运动会在日本东京开幕，并向国民宣传强身健体思想的日子。日本全国在这一天举办很多体育盛会

续表

序号	日期	假日名称	假日简介
15	十一月三日	文化节	向对文化事业做出卓越贡献者授予“文化勋章”的日子。因该勋章上刻有菊花图案，所以也称之为“菊花日”。这一天同时也是已故明治天皇的诞生日
16	十一月二十三日	勤劳感谢日	具有“尊重劳动，感谢勤劳”之意。该节日最早起源于日本的“新尝祭”。每年秋冬之际，日本各地通过举办新稻米的品尝仪式，感谢一年的勤苦劳作

★除了上述国家法定假日以外，日本还有很多民间节日。在民间节日期间，由企业自主决定员工是否需要上班。

下表列举一些日本民间比较重视的传统节日，仅供参考。

日本民间传统节日表

序号	日期	节日名称	节日简介
1	二月二日	节分	立春前日，抛撒黄豆，招福驱鬼
2	二月十四日	情人节	从西方传入的节日
3	三月三日	偶人节（也称为女童节，桃花节）	女孩子的节日。在日本，男童节是法定节假日，女童节却不是，多少反映了重男轻女的思想
4	三月十五日到四月十五日	樱花节	在樱花树下，唱歌跳舞，喝酒联欢，是很受欢迎的集体活动
5	四月二十九日到五月五日	黄金周	期间探亲访友或去海外旅游等
6	五月第二个星期日	母亲节	从西方传入的节日

续表

序号	日期	节日名称	节日简介
7	六月第三个星期日	父亲节	从西方传入的节日
8	七月一日到七月三十一日	京都祇园祭	京都市祇园花车游行
9	八月六日	广岛原子弹爆炸纪念日	广岛市举行庄重的原爆纪念仪式
10	八月十五日	战争结束纪念日	日本人一般不称之为“战败日”，特意称之为“终战纪念日”
11	八月中旬	盂兰盆节	全国性的夏季节日
12	八月十六日	京都大文字五山送火	京都地区的盛大传统节日
13	九月一日	防灾日	向国民宣传防灾知识，纪念关东大地震
14	十一月十五日	七五三节	7岁、5岁、3岁儿童的节日，每年的这一天，父母都会为这3个年纪的儿童，举办庆祝活动
15	十二月二十五日	圣诞节	从西方传入的节日。从圣诞节前后至元旦期间连休的企业员工较多
16	十二月三十一日	日本除夕	日本人也有除夕前要大扫除，喜迎新年的习俗，除夕晚上全家团聚吃饭，半夜听除夕钟声迎新岁

03

第3章

日本企业的会议文化

会议习惯

日本企业的会议习惯有哪些?

提前到场

在参加重要会议前，日本企业员工一般会提前 30 分钟甚至更早到达会场周围的咖啡厅，喝杯咖啡放松一下。

这种习惯可以避免迟到，也可以静下心来，思考整理会谈内容。如果已经提前充分准备，也可以看一会儿报纸、杂志或上网看看新闻、邮件。

企业的培训教材里没有相关内容的介绍，这是向前辈们学习、模仿的会议习惯。

闲聊几句

在正式会谈之前，会议参加者一般会闲聊几分钟，严肃的会议则不适合这种方式。闲聊几句天气或热门话题是为了借此缓和一下会议气氛，彼此放松一下心情。

精神放松以后，深呼一口气，观察一下会场气氛，寻找合适的话题时机，轻松自然地进入会谈主题。在日本，无论是何种会谈场合，能够读懂会场气氛，也就是“读懂空气”，是一种个人素养的表现，也是一种职业技能。

保持微笑

商务会谈中始终要保持微笑。即使会谈的结果很糟糕，结束后也尽力保持微笑的姿态告别。微笑不一定意味着高兴。有些日本企业人士，会议及饭局前后始终保持着微笑，但有时候表情是僵硬的。

有些日本企业的礼仪培训资料内，要求每一位新员工必须做到：当做出微笑表情时，所有姿态都要符合微笑的要求。**微笑着工作是职业修养与礼仪要求，也是一种心理减压的方式。**

沉默是金

商务会谈中信奉沉默是金，不率先表达观点和意见，保持冷静心态。这么做能够有效地保护自己的想法不被对方窥探。有的日本员工在介绍商务谈判经验时，重点强调必须坚持“三决不”原则。

即决不首先打破沉默；决不首先开始发表意见；决不打断对方发表意见。日本企业进行商务会谈时，双方会在关键决策阶段暗自较量，比比“看谁沉默到最后”。

日本企业的高管在某次商务会谈后，认为中国企业的某位高管非常优秀，问其理由，答曰：“善于沉默”。

后发制人

商务会谈中，先读心，寻机后发制人。在日本，作为最基本的商务会谈礼仪，要求参会人员从始至终耐心倾听对方陈述，决不要轻易打断对方发言。倾听对方发言后，再结合预案，适度调整预定的发言内容。

在双方达成协议或正式签订合同之前，日本企业员工观察多、言论少；在协议或合同生效之后，他们会反复地研究双方应履行的义务及条约，仔细地陈述意见。

以心传心

商务会谈中，尽量追求“以心传心”的沟通气氛，一般以比较委婉的方式陈述观点和意见，多使用“是吗”“虽然”“可是”“但是”“对不起”等词汇。

有时候故意不把后面的话说出口，是希望对方能心领神会地理解核心问题。

表达暧昧

商务会谈中的表达一般都是委婉暧昧的，决不轻易对事物做出判断。拒绝对方提出的要求或请求时，在语言表达上不会直截了当。

日本人一般使用“我们再考虑一下”或“我们再研究一下”等言辞表示婉言拒绝，有时会采取拖延、不予答复的方式间接表示不满或抗议。

多次会谈结束后，对方仍然使用婉转的言辞答复或拖延不予答

复，基本可以确定已经没有多少谈判余地了。

留有退路

商务会谈中，时刻注意要留有退路。在协商解决疑难问题或指责对方某些做法时，要表现出一种欲言又止的感觉，这是为了给对方保留面子，也为了给自己留出退路。

每次商务会谈结束后，即使结局非常糟糕，也要很有礼貌地表达“非常感谢”之意。很多情况下，“感谢”一词只是一种商务礼仪而已。“买卖不成仁义在”，关于这一点，中日商务习惯是共通的。

即使双方之间发生了重大的经济纠纷，日本商务人士也不会轻易聘请律师打官司。

跨三退一

商务会谈中，要谋求“跨三退一”策略。为了尽快获得满意的会谈结果，日本人会在合适的时机，积极向对方传递愿意妥协让步的想法。采取妥协让步，实际上是“跨三退一”策略，即跨出三步，主动退回一步。

例如协商索赔金额时，如果确定可以接受的赔偿底线是 1 万美元，那么在初步协商时，先向对方索赔 3 万美元。之后在基本摸透对方底线时，主动表示可以考虑让步，同时强调可以接受的赔偿底线是 2 万美元。

集体决策

商务会谈中奉行集体决策。如果是涉及重大经营决策的会谈，日本企业通过制订《经营决策事项审批权限条例》之类的规章制度，规定任何经营管理者没有单独裁决权，必须履行集体决策程序。

除了作为大股东绝对控股或是具有绝对经营权威，一般的日本企业经营者在会谈中通常很难自己拍板决定重大事项，即便当场做出个人决定，也无法成为该企业的正式决定。

会场礼仪

清理会场时，保持良好的会议礼仪。如果会议组织者没有安排专人清理会场，员工们会很自觉地把会场打扫干净。

所有使用过的用具，都会恢复原位并摆放整齐。大家会很有礼貌地互相鞠躬，表达“您辛苦了”之类的谢意。

除了严格的规章制度，日本员工良好的会议礼仪还与下面几点密切相关。

从小接受的礼仪教育就是规矩

无论在家庭还是学校，日本人从小就接受具体的礼仪教育，每天互相鞠躬、问候、致谢。从保育院和幼稚园时期，就教育其懂得礼仪就是规矩，不遵守规矩就是失礼，没有礼仪就会被孤立，甚至被欺辱。日本人至今遵守的很多礼仪规矩都是从中国传到日本的。

在学校接受严格的团队精神教育

很多日本中小学校要求学生穿统一校服，背统一品牌的书包，一起吃午餐，强调集体观念，淡化个人特性，借此强化学生的集体归属感。

这种教育方式也会导致某些负面影响，大多数日本员工在工作中不敢冒尖，通常缺少个性，宁可跟着集体犯错，也不愿意单独行动，冒险承担个人责任。

踏入社会后接受职场礼仪培训

大多数日本企业针对新聘用的员工有着严格的培训制度。所有员工定期进行专业培训和职业道德培训，包括礼仪、信息保密、普法教育等培训；在日本书店，职场礼仪培训方面的书籍多达几十种。有的新员工会自费选购一本或几本，认真阅读学习。

在企业内定期接受遵纪守法教育

很多日本企业对全体员工进行严格的遵纪守法教育培训，还定期修订完善企业行动及员工行为规范手册，免费发放给员工和客户。

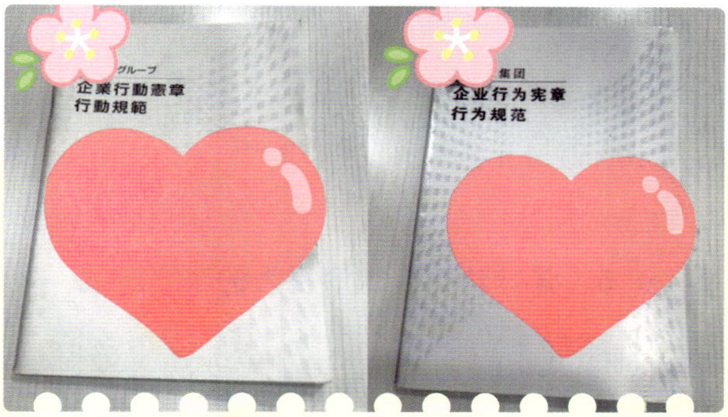

日本企业对外宣传的企业行为规范宪章与员工行为规范手册。

日常生活中遵守法律法规的细节规定

日本法律法规（包括各种条例规定）中的细节规定，影响、制约着日本人日常生活中的个人行为。以下列举一些。

★ 1. 大声吵架骂人行为的法律法规

当事人声音太大的话，有可能被警方以“恐吓罪”逮捕。

★ 2. 乱扔垃圾行为的法律法规

不按规定乱扔垃圾，依据废弃物处理以及清扫相关法律，将被处以 5 年以下有期徒刑或者 1000 万日元以内的罚款。

关于乱扔垃圾的警告牌

★ 3. 随地吐痰行为的法律法规

根据日本《轻犯罪法》有关规定，在公共场所随地吐痰，有可能被处以罚款，还会被警方记录为犯罪行为。

★ 4. 插队行为的法律法规

根据日本《轻犯罪法》有关规定，按照插队情节的轻重，处以罚款 100 万日元到拘留 24 小时。

★ 5. 强行劝他人饮酒行为的法律法规

根据日本《防止醉酒扰乱治安法》规定，强行劝他人饮酒将被处以 48 小时以下监禁及 1 万日元以内的罚款。

★ 6. 个人约架、决斗行为的法律法规

根据日本《公共安全法》规定，个人之间约架、决斗行为根据暴力情节将被判处“决斗罪”。

★ 7. 在马路上随便吸烟行为的法律法规

根据一些地方政府制定的相关规定，在该地区的马路上随便吸烟将被处以大额罚款。

右侧图片是东京千代田区交通要道上的告示牌，根据千代田区生活环境条例，禁止在马路上吸烟，违者罚款 2000 日元。

★ 8. 治理倒卖票证行为的法律法规

根据一些地方政府制定的相关规定，在公共场所或公交车辆上倒卖票证的行为将被处以六个月以内有期徒刑或五十万日元以内的罚款。

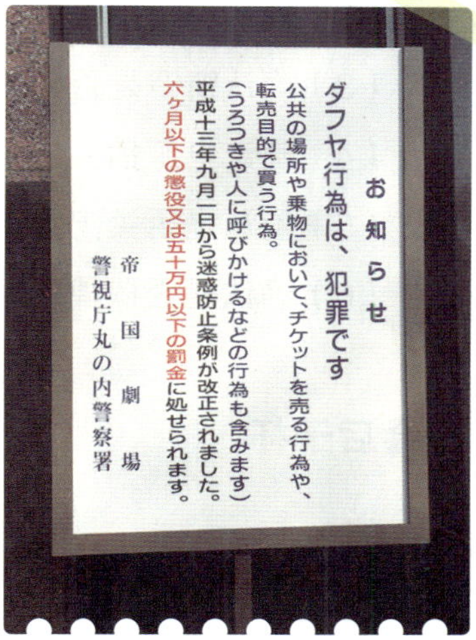

右侧图片是日本的剧场、电影院、体育场馆外经常可以看到的，警告不要倒卖票证的告示牌。

会议禁忌

除了会场礼仪，会议中应严格注意会议禁忌事项。日本会议现场特别严重的禁忌包括：手机响铃、玩手机、乱拍照、窃窃私语、打哈欠、抖腿抖脚、趴在桌上、穿外套等。

尤其是穿外套进入会场、参加合影、在室内讲台上发言的行为，被认为是非常失礼的行为。

有些日本企业在禁止电话区域张贴的标识，要求进入区域的人员严格遵守。

会后习惯

会议结束后，保持良好的会后确认习惯。以下列举一些会后习惯。

（1）确认使用过的茶杯和纸屑等垃圾是否收拾干净；
（2）确认桌椅是否摆放整齐且放回原处；
（3）确认窗帘是否归位；
（4）确认电源插头是否放回原处；
（5）确认是否关闭空调及投影仪等电源设备；
（6）确认是否擦掉书写板上的字迹。

会后干杯

喝酒聊天，延续会议。把轻松的学习会、讨论会安排在傍晚时，有“会议结束后可以干一杯”的含义。

日本企业内部学习会及讨论会，经常被安排在傍晚下班前后进行。如果会议需要延续或进一步总结时，会以外出喝酒聊天的方式延续会议。

在很多日本企业内部，喝酒聊天也是会议的一部分。员工认为，积极参加喝酒聊天，是职场谋生的基本常识。

借酒谈心

借酒谈心，缓解矛盾。一些日本企业的干部培训教材内，推荐企业干部利用包括喝酒谈心在内的面谈方式，进行上下级沟通。

某部门负责人在内部会议上，不顾情面地批评了某员工，会议气氛非常紧张。下班后，该负责人主动邀请那位员工一起喝酒。

在居酒屋内，领导与部下借着酒劲，互相说了说心里话，干了一杯又一杯。领导在形式上委婉地进行了自我检讨，部下也大胆地解释说明，释放了自己的委屈。

目送客离

当会议结束后，日本企业都会安排专人目送客人远去。如果客人徒步离开，要目送到客人的背影离开自己的视线为止。

客人走几步后会回头浅鞠躬或挥手，表示再次感谢热情接待和珍重再见的意思。如果客人乘坐出租车离开，一般也会目送车辆离开视线为止。客人上车后，应立即按照礼仪习惯摇下车窗，说声再见并低头示意感谢。

会议准备

日本企业如何做好会议准备?

会谈清单

日本企业如果计划参加重要的涉外会议，一般会提前成立会议对策小组。该小组的会务干事也会提前一段时间（数周甚至数月）主动与对方商议并确定一份《会谈事项清单》。

若因时间关系来不及准备资料，双方可以拟定一份简略的会谈议题，尽量提前确定会谈的主要目的。如果一家中国企业初次来日本拜访一家制造企业，建议中国企业提前一周或几周，通过电子邮件发给日本企业一份简略的会议议题。

会议议题

（1）本公司的业务简介（约 5 分钟）；

（2）本公司的主要产品介绍（约 5 分钟）；

（3）本公司的新产品企划构思方案（约 10 分钟）；

（4）贵公司对上述新产品的看法，以及与本公司商讨合作（约30分钟）；

（5）贵公司对本公司其他业务的建议（约10分钟）。

日本企业在收到《会谈事项清单》或会议议题后，会组织本企业相关部门进行内部沟通与协调。初次碰头会结束后，有些日本企业还会专门成立业务小组继续跟进。该小组必须协调统一各部门的意见及观点，也必须确认全体参会人员对外表述口径保持一致。

该小组会从本企业参加的各个行业协会或中介咨询服务机构获得所需要的商业信息和业务指导，也会从本企业集团内部的商业信息收集网络（包括关联公司及业务往来单位等），全面收集必要的参考信息。

该小组在会前对《会谈事项清单》的主要内容深入了解和调查，正式会谈时，本企业主要是希望对一些重点和难点问题进行深入讨论和确认。**如果无法拟定出一份比较务实的《会谈事项清单》，日本企业是不会轻易参与正式会谈的。**

某些中国企业访日团队领导感慨，在与日本企业进行商务会议时经常感觉日方始终主导着会议的进展和节奏，特别是日方参会人员意见统一，表述口径一致。

预想问题

对于重要的涉外商务会议，有的日本企业内部规定会议对策小组必须根据《会谈事项清单》，参考其他商业信息，事先编制一份《会议预想问题清单》及解答预案，以供本企业参会人员参阅。

会议对策小组组织召开多次内部沟通协调会议后，会拟定预想问题解答方案和相关预案，还可能事先安排确定本企业参会人员回答问题的顺序。有时候，会议对策小组还会组织专门团队制订多种对策预案，随时随地留有周旋余地。

有些日本企业在会议记录的档案内，保存着历年会谈对方人员的主要言论内容，也记录着每一位参会人员的专业特长和职位变更等详细的个人信息。

如某次会议，对方单位的某工程师对某一问题提出了某种观点，本企业的某部长就这一观点做出了某方面的解释说明。

这些商业细节信息对推断对方的意见主张及预测对方有可能提出的疑问，有着重要的参考价值。

常见问题

对于重要的涉外商务会议，有些日本企业会编辑或定期更新《常见问题选集》，把企业新老员工历年的解答方案及经验教训，归纳总结在这本《常见问题选集》里。

根据历年来的会议记录内容，不断编辑、更新的《常见问题选集》本身就是一套完整的商业信息数据库。

这是企业长年累月整理收集的数据宝库，更是和专利技术一样的企业知识产权。这也就是为什么有的日本企业严格规定被授权的参会人员只能通过公司内部网络在线阅读《常见问题选集》，任何人不能打印和携带这些资料数据。

也有的日本企业规定，这本《常见问题选集》只能在本企业内部的协调会议上使用，会议结束后由专人负责收回保管。由此可见其商业价值。

信息共享

日本企业会加入一些行业协会或企业团体。某些协会或团体以会员共同出资的方式，建立了完善的行业信息数据库及信息收集渠道，定期聘请专家做专题报告，以供所有会员随时查阅参考。该协会或团体的任何会员都可以分享其他会员提供的商业信息。

有的行业协会或企业团体掌控着该行业的商品购销价格体系和市场游戏规则，还掌控着成员企业合作伙伴的信息。如果中国企业打算隐秘地在日本寻找商业合作伙伴，就应当首先调查清楚所寻找的合作对象，是否是单独在与自己接洽商谈。

中国企业与日本企业进行商务会谈前，适当了解该企业所加入的行业协会或企业团体，掌握相关的行业规则与团体成员构成等信息是很有必要的。

在一些大中型日本企业内，总务部门每天安排专人在内部网络上实时更新重要的对外会议安排，也向所有业务部门公开来访客人信息。根据这些内部公开的信息，本企业相关部门之间可以及时交换商业信息并协调对外联络的工作日程。

以下归纳整理一份《外部来访客人信息统计表》，仅供参考。

外部来访客人信息统计表

来访单位	来访目的	来访人数	接待部门	接待负责人	接待联络人
XX会社	商务洽谈	4位	营业部	XX部长	XX科长

触角信息

一些日本企业对关联公司的投资比例很小，业绩也很一般，几乎没有投资收益。这种关联公司实际上是日本企业触角投资战略的一部分，是重要商业信息来源之一。

从这些公司获得的商业信息对日本企业的经营战略和事业计划有着重要的参考价值。一些公司通过微利或等价采购转销的方式，多年维护着一部分供应商和销售客户。人脉关系及购销数据是这些公司的重要商业信息来源。

会前沟通

一些日本企业在参加涉外会议之前，非常注重沟通协调工作，包括本企业各部门之间的沟通，也包括与对方的沟通。有的日本企业还会指派专门的会务助理整理记录《会前沟通记录》。

《会前沟通记录》详细地记录着包括沟通课题、沟通时间、对方答复要点、答复时间与答复人、存在问题及问题解决时间等内容。

会前访谈

如果会议双方是初次商务往来，日本企业会指派会议对策小组成员到对方单位进行一次简短的访谈，访谈时会顺便考察对方企业。

日本企业非常注重商业信赖关系，倾向于优先通过熟人引荐介绍，寻找业务合作伙伴。有时为了加深彼此的信赖，介绍人也会被邀请参加双方的初次会谈。

双方的初次会谈通常比较含蓄。沟通后，成员会在完成必要的内部汇报基础上，与对方继续沟通细节问题。

有些日本企业只有在完成信用评级与访谈评价后，才决定是否实施正式洽谈。

确认清单

会务人员除了提前预约会场或会议室，还会特别关注一些会务管理细节，提前确认会议所需用品和资料的准备情况。

通过精心制订一份《会务确认清单》可以减少容易疏忽的会议准备事项，也会提醒会务人员，事先仔细查验会议所需用品的准备情况。

以下归纳整理一份内容比较详细的《会务确认清单》，仅供参考。

会务确认清单

所需用品·办理事项	确认事项（根据需要确认）	备注事项	核对栏
会议通知文件	检查确定5W、2H要求事项	见注释1	
文件保密等级	检查确定所有文件的保密等级	注意保密事项	
文件发放时间	检查确定所有文件的发放时间	注意发放顺序	
文件资料复印	检查文件资料份数、页码、装订质量等	注意保密事项	
会议议题管理表	根据需要提前与领导确认	注意保密事项	
会场指示牌	根据需要提前与领导确认	注意摆放位置	
会场座椅	根据需要提前与领导确认	注意摆放位置	
会场座次安排	根据需要提前与领导确认	注意座位方向	
签到表	核对参加人数及姓名、性别等	注意保密事项	
签字笔	检查书写功能	多支备用	
板书工具	备齐书写板、板擦、书写笔等		
草稿纸	确认页数及纸型等		
麦克风	确认音质及开关等		

续表

所需用品·办理事项	确认事项（根据需要确认）	备注事项	核对栏
播音设备	确认播音效果等		
投影仪	确认投影效果等		
录像设备	确认录制效果等		
电源插头	根据会议人数确定插口个数		
电源开关	指定专人开关所有电源	注意会后复查	
网络接口	根据会议人数确定接口个数		
空调设备	事先调好合适的室内温度	见注释 2	
其他会议设备	确认电源连接状况等		
室内灯光	确认开关，调试亮度等		
会议评价表	根据需要提前与领导确认	注意保密事项	
文件资料回收通知	根据需要提前与领导确认	回收保密资料	
机密文件箱	根据需要提前与领导确认	回收保密资料	
茶水饮料	根据需要提前与领导确认		
餐饮时间	根据需要提前与领导确认		
其他事项	根据需要提前与领导确认		
今后应注意事项			

★注释 1：5W 表示 Why（会议目的）、Where（会议地点）、What（议题）、When（会议时间）、Who（参加人员）；2H 表示 How（会议日程安排）、How Much（会议费用）。

★注释 2：为了保护环境，注意调整室内空调温度，夏季冷房设定为 28℃，冬季暖房设定为 22℃。

室内调温

在炎热的夏季，大多数日本企业会把会议室的空调温度设定为 28℃。日本企业在设定室内空调温度时，对内和对外是有所区别的。

在会议室召开内部会议时，严格规定夏季室内空调温度设定为 28℃，冬季则设定为 22℃。招待来访客人时，细心地提前设定合适的空调温度，以便给来访客人一种舒适的感觉。

准备礼金

在日本，会议组织者聘请讲师、专家、名人等讲演、授课或出席会议，应当提前准备好礼金。

组织者与讲师在礼仪上不会当面清点现金，组织者应提前把礼金装入专用的信封内，亲手交给讲师。关于礼金的具体数额，很多机关团体与企业有专门的支付规定和具体的参考标准。

根据 2011 年日本财务省（财政部）对日本 85 家政府机构进行的授课礼金支付情况调查结果显示（**数据来源：日本财政部官方网站**），平均每小时支付的授课金额是 8100 日元。其中有的政府机构向讲师支付的授课金额，高达每小时 70000 日元。

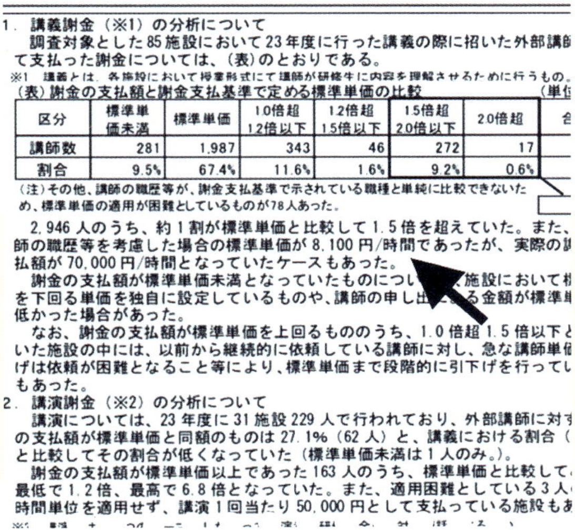
1． 講義謝金（※1）の分析について
調査対象とした 85 施設において 23 年度に行った講義の際に招いた外部講師
て支払った謝金については、(表)のとおりである。
※1 講義とは、各施設において授業形式にて講師が研修生に内容を理解させるために行うもの。
(表) 謝金の支払額と謝金支払基準で定める標準単価の比較 (単位

区分	標準単価未満	標準単価	1.0倍超 1.2倍以下	1.2倍超 1.5倍以下	1.5倍超 2.0倍以下	2.0倍超
講師数	281	1,987	343	46	272	17
割合	9.5%	67.4%	11.6%	1.6%	9.2%	0.6%

(注) その他、講師の職歴等が、謝金支払基準で示されている職種と単純に比較できないため、標準単価の適用が困難としているものが 78 人あった。

2, 946 人のうち、約 1 割が標準単価と比較して 1.5 倍を超えていた。また、
師の職歴等を考慮した場合の標準単価が 8, 100 円/時間であったが、実際の
払額が 70, 000 円/時間となっていたケースもあった。
謝金の支払額が標準単価未満となっていたものについ　施設において
を下回る単価を独自に設定しているものや、講師の申し出　る金額が標準
低かった場合があった。
なお、謝金の支払額が標準単価を上回るもののうち、1.0 倍超 1.5 倍以下
いた施設の中には、以前から継続的に依頼している講師に対し、急な講師単
げは依頼が困難となること等により、標準単価まで段階的に引下げを行ってい
もあった。
2． 講演謝金（※2）の分析について
講演については、23 年度に 31 施設 229 人で行われており、外部講師に対す
の支払額が標準単価と同額のものは 27.1%（62 人）と、講義における割合（
と比較してその割合が低くなっていた（標準単価未満は 1 人のみ。）。
謝金の支払額が標準単価以上であった 163 人のうち、標準単価と比較して
最低で 1.2 倍、最高で 6.8 倍となっていた。また、適用困難としている 3 人
時間単位を適用せず、講演 1 回当たり 50, 000 円として支払っている施設もあ

很多日本政府机构和团体把授课过程及其他细节实时对外公布在官方网站上。

文部科学省 MINISTRY OF EDUCATION, CULTURE, SPORTS, SCIENCE AND TECHNOLOGY-JAPAN

絞り込み検索　サイトマップ　English

サイト内検索　検索

単価表

事業の経費の積算に当たっては，本表に定める単価を基準として使用すること。

なお，このほか学校法人等が定めている謝金等の単価など，別に支出根拠となりうる単価がある場合においては，それらを用いて積算することも可とするが，高額とならないよう配慮すること。

区　分	単位	金額（円）	備　考
（諸謝金）			
委員会出席謝金	1回	6,500	
講座講師謝金	時間	4,820	
補助者謝金（講座における実験実習補助）	時間	1,000	

【参考】謝金の標準支払基準

（単位：円）

標準単価		分野別職位等			
区分	時間単価	大学の職位	大学の職位にある者の平均勤続年数	民間	地方公共団体等
①	11,300	大学学長級	17年以上	会長・社長・役員級	知事・市町村長
②	9,700	大学副学長級			
③	8,700	大学学部長級			
④	7,900	大学教授級1		工場長級	部長級
⑤	7,000	大学教授級2	12年以上	部長級	－
⑥	6,100	大学准教授級		課長級	課長級
⑦	5,100	大学講師級	12年未満	課長代理級	室長級
⑧	4,600	大学助教・助手級		係長・主任級	課長補佐級
⑨	3,600	大学助手級以下1	12年未満	係員1	課員1
⑩	2,600	大学助手級以下2	8年未満	係員2	課員2
⑪	1,600	大学助手級以下3	4年未満	係員3	課員3

左图：一些日本政府机构和团体，把制定的参会礼金标准和讲师资历信息同时对外公布在官方网站。

右图：根据日本税法规定，会议组织者有代扣代缴讲师礼金个人所得税的义务。很多日本机关团体及企、事业单位实际支付的是税后金额。讲师签字或盖章的收据上是税前金额，税金部分实际由企业承担。

領収書

平成〇年〇月〇日

殿

￥22，274－

〇〇〇講演会講師謝礼金として
上記のとおり領収いたしました
但し，所得税として10．21％の源泉徴収を含む

住　所：　［自宅の住所］
氏　名：　［受領者の氏名］　　印

根据日本税法规定，100万日元以下礼金报酬的个人所得税的税率是10.21%。

会议管理
日本企业如何做好会议管理?

会议纪律

我到日本企业参加商务会议时，对挂在会议室墙上的《会议纪律守则》很感兴趣。通过拜读，我深切地感受到，一份严谨的《会议纪律守则》能提高会议效率和质量。

我参考一些《会议纪律守则》，归纳了一份会议纪律作为参考。

会议纪律守则表

纪律对象	会议纪律守则
会议参加人员	1. 提前入座，一般提前3至5分钟左右为宜
	2. 保持联系，迟到或缺席要提前告知
	3. 认真准备，会议资料提前过目
	4. 积极发言，不搞“一言堂”
	5. 言简意赅，清晰表达意见

续表

纪律对象	会议纪律守则
会议主持人员	1. 准备充分，提前确认所需会议用品是否完备
	2. 保护环境，不多印文件资料
	3. 控制时间，一般 1 小时以内
	4. 限定人数，会议人数越少越好
	5. 明确议题，不谈论议题以外的话题

很多日本企业规定，即使是内部会议，只要是借用外部会议室或客户企业的会议室，就一律禁止谈论任何重要商业信息。

一些日本企业的会议室之间是很薄的塑料板，需要时刻注意隔墙有耳，保持警惕。谨慎选择会议室，已经成为遵守会议纪律的重要考虑因素。

会议效率

日本企业内部会议基本可以归纳为以下三种类型。

（1）决策研讨型会议；
（2）价值创造型会议；
（3）信息共享型会议。

针对各种类型的会议，有些日本企业在员工培训教材中，对“会议效率”专门做了总结定义。

会议效率表

阶段	会议效率定义
会前	会议效率＝会议日程调整时间＋会议资料准备时间＋会议资料提前传阅时间＋预备会议时间＋交通移动时间
会中	会议效率＝会议次数 × 每次有效时间 × 参加人数
会后	会议效率＝会议纪要编写时间＋会议议题复议时间＋会议纪要个别事项确认时间＋交通移动时间

参考以上会议效率的定义，简要总结了一份《会议效率评价结果》，仅供参考。

某企业年度销售计划会议效率评价结果

阶段	上年度会议小时	本年度会议小时	增减时间	差异原因
会前	会议效率＝1＋2＋3＋4＋5＝15	会议效率＝1＋2＋3＋4＋6＝16	＋1	本文略
会中	会议效率＝1×2×3＝6	会议效率＝1×2×3＝6	0	N/A
会后	会议效率＝1＋2＋3＋5＝11	会议效率＝1＋2＋3＋6＝12	＋1	本文略
合计	32	34	＋2	

为了提高会议效率，这样相对量化的指标还是值得参考的。

为了提高会议效率和节省出差经费，很多日本企业在数年前就已经开始大力推广应用网络方式召开会议。有的日本企业投资添置了网络视频会议系统，启用的第一个月，节省的差旅费就等于网络视频会议系统费用了。

网络视频会议得到推广后，日本企业下属单位间的沟通机会明显增加。出差减少了，工作效率得到了很大提高。

会场闹钟

为了严格控制会议时间，有些日本企业在会议室桌子摆放闹钟。

桌子两侧都安装了闹钟的会议室。

会议质量

为了精简会议内容，日本企业对会议质量提出了严格的要求，并进行了如下定义。

会议质量表

阶段	会议质量定义
会前	会议质量＝会前的充分准备
会中	会议质量＝产生共鸣气氛＋达到会议目的＋按时结束会议
会后	会议质量＝与会人员的理解程度＋会议内容的影响深度＋会议事项的实施效果

会议质量是难以直观评价的事物。会议质量的量化指标是很难

归纳定义的。

可以通过采取以下具体措施，提高企业的会议质量。

（1）缩减会议议题。会前审阅议题，提前讨论准备，删除能在会前解决的议题；

（2）改善会议方式。增加电话或网络视频会议，减少以开会为目的的出差；

（3）精简会议人数。提前确定会议紧急程度，杜绝无关人员参加。

议题管理

为了预防只开会而不解决问题的现象，日本企业通过编制《议题管理表》的方式监督、管理会议效果。一些日本企业规定《议题管理表》必须作为会议纪要的附件，归纳、汇总后给相关部门传阅。以下列举一份作为会议纪要附件的《议题管理表》，仅供参考。

议题管理表

	会议时间	议题分类	议题内容	负责部门	协调部门	解决期限	解决状态
1	20XX 年 8 月 8 日	客户服务会议－客户投诉问题	XX 产品因为 XX 原因发生故障	技术管理部	客户服务部	20XX 年 9 月 10 日之前	目前尚未解决
2	20XX 年 8 月 8 日	客户服务会议－客户提议方案	开发设计一种具有 XX 功能的新产品	经营企划部	技术管理部，客户服务部	未定。下次会议继续讨论	目前尚未解决

《议题管理表》概括会议需要解决的问题内容，加强督促管理，促使相关问题，能够及时得以解决。

避免争吵

在日本企业的内部会议上，很少发生争论、争吵的现象。但是我遇到多次领导严厉批评、斥责下级员工的情景。难以想象平日里和蔼的企业管理人员，居然能如此严厉、粗暴地对待部下。

在日本企业内部存在着严格的上下等级关系，很少看到下级员工为自己辩解的情形。

日本企业的内部会议讨论的气氛不够热烈。很多员工善于倾听，不善于参与讨论。没有激烈的会议讨论，就难以有建设性的意见出现。没有意见交换，很难摩擦出新的思想火花。

会议评价

日本企业非常重视会议的评价结果，要求参会者在会议结束后提交一份《会议评价表》。会议组织者通过汇总评价结果，可以了解参会者对会议的满意程度，还可以获得必要的建议和反馈意见。

通过《会议评价表》的方式能考核参会者的出席情况。以下列举一份简略的《会议评价表》，仅供参考。

会议评价表

No.	评价项目	评价要点	满意程度（圈填选项）	备注事项（参见注释1）
1	会议结果	会议时间安排	1. 很满意；2. 满意；3. 一般；4. 不太满意；5. 不满意	
2		会场灯光亮度	1. 很满意；2. 满意；3. 一般；4. 不太满意；5. 不满意	
3		会场空调温度	1. 很满意；2. 满意；3. 一般；4. 不太满意；5. 不满意	
4		会场音响效果	1. 很满意；2. 满意；3. 一般；4. 不太满意；5. 不满意	
5	会议资料	资料内容	1. 很满意；2. 满意；3. 一般；4. 不太满意；5. 不满意	
6		版面编排	1. 很满意；2. 满意；3. 一般；4. 不太满意；5. 不满意	
7		资料内的错别字（若有）		请注明页码
8		资料内的其他错误（若有）		请注明页码
9	会议感想	您最感兴趣的会议内容		
10		您没有理解的会议内容		
11		您的其他建议和意见		
12		您对会议的综合评价	1. 很满意；2. 满意；3. 一般；4. 不太满意；5. 不满意	

★注释1：关于满意程度，如果填写第4和第5项，请简略注明理由。

站立开会

日本制造企业把包括生产管理在内的会议尽量安排在车间现场或仓库召开。这种站立会议的现场没有桌椅板凳，以讨论、沟通问题为主，注重会议气氛，不特殊关注领导的态度和座位。

站立开会有很多好处：提高会议效率，员工不打瞌睡，现场解决问题。

站立开会也特别适合落实具体的经营管理措施。

三现主义：现场、现物、现实。

三即主义：即时、即刻、即做。

三觉主义：视觉、触觉、听觉。

三彻主义：彻头、彻尾、彻底。

反省会议

日本企业定期组织员工召开反省会，主要以科室班组为单位，目的是总结过去、分析问题、跟进改善，并不是因为存在着需要反省的事情而召开会议。

在反省会上讨论的是问题，不是针对员工个人。主持人鼓励参加者多提建议、教训，但领导干部尽量少发言。

通过总结，每位员工都能有机会了解工作的全过程，有利于提高今后工作的效率和质量。在反省会上，如果领导少发言（例如在会议开始和结尾各不超过 5 分钟），可以杜绝形式主义；全员发言可以避免出现发言集中的现象。

有些日本企业内部存在着明显的论资历、讲辈分现象。如何减少员工的形式性反省发言，是企业人事管理工作中的痛点和难点。全员参加的反省会是一种良性循环的组织型学习会，有助于深入实施合理化建议。

为了达到良好的反省效果，日本企业要求在轻松的气氛中组织反省会，鼓励把反省会安排在午餐时间召开。这种午餐会形式的反省会议一般被安排在会议室召开，并且报销午餐及饮品费用。

在新型冠状病毒肺炎疫情防治期间，日本企业员工之间流行网络视频聚会。以科室班组为单位的午餐反省会议受到员工的好评，成为疫情期间交流工作经验的重要方式。

日本企业在午餐时间组织的工作反省会上，向员工免费提供的精品盒饭和饮料。

会议礼仪

日本企业如何接待客户?

递送毛巾

在会议开始前给来访客户递上热毛巾，是一些日本企业独创的会议接待习惯。尤其在寒冷的冬天，当客户到达会议室后，第一时间接到一条热乎乎的毛巾会感到很温馨。这种服务在餐厅和酒吧里是普通的，但发生在日本企业的会议室里，确实会让人印象深刻。

冬日冰饮

冬季里向客人敬递冰茶或冰咖啡的日本企业并不少见。一些日本料理店一年四季都会向食客提供冰饮。去日本企业访谈或去日本料理店就餐时，如果收到冰茶或冰咖啡，千万不要介意，这是很正常的招待方式。

可以从以下三方面综合理解这种接待方式。

传统习惯

日本人喝冰饮大约是从明治时代开始的。那时还没有冰箱，但有专门的“冰屋”售卖冰块，冰饮属于高档饮料。也有一种说法是，明治时代甚至更早期的皇族及贵族，一年四季都安排专人从富士山上采集冰块，用于接待贵宾。当时的冰块会装在水瓶或铁桶里，存放在冰冷的深井里。

明治四年（公元 1871 年），政府组派官员前往欧美考察回国后，编写了一本《米欧回览实记》，书中详细记载了一些欧美生活习惯，其中就包括在日常饮用酒水里加冰块。

口味习惯

很多日本人认为喝水或饮料时加冰，口感会更好。大多数日本人从小就习惯了喝加冰饮品，所以认为冬日向客人提供冰饮也是一种热情的待客方式。也有些日本人认为，在饮用水里加适量冰块可以去除自来水本身的异味。

除了料理店，医院有时也会向病人提供冰饮。当日本企业接待客人时送上冰茶或冰咖啡，是表示尊敬的意思。

熟识程度

日本企业员工在接待来访客户时，寒暄后会询问客户喝何种饮料。一般给来访客户准备咖啡或茶（绿茶和乌龙茶较多），如果来访的是熟悉的老客户，接待人员会按惯例来提供饮料。

日本企业负责接待的人员担心天冷杯凉，给客厅递送了备用纸巾。

客人厕所

很多日本企业的厕所内，分有接待客户专用和员工专用的便座，所有员工禁止使用专供来访客人的便座。

客人专用的便座都有保温功能，有些日本企业为了节省电费，除了冬季以外，一律关停员工便座的保温功能；规定厕所内的香水和漱口液主要供客人使用，员工尽量减少使用。

日本企业在客人专用厕所内，为来访客人准备的香水和漱口液。

消毒柜台

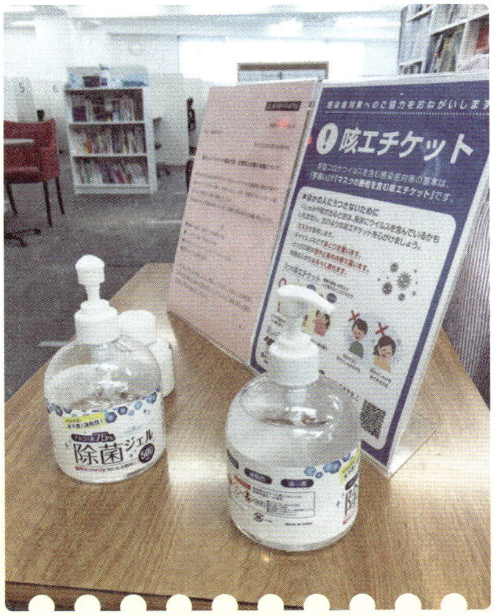

在很多日本企业的前台和会议室入口可见专供访客使用的酒精消毒液。为了预防流感，企业要求每个访客都要用酒精消毒液擦拭双手。虽然不是每个人都会自觉使用，消毒柜台的设置还是给很多有需求的访客提供了便利。

日本企业在会议室入口设置的酒精液消毒专柜，专为来访客人手部消毒使用。

客人拖鞋

日本企业接待处的鞋柜。

提前给来访客户准备好室内拖鞋是日本企业的传统接待习惯。到达会议室后，来访客人应按照接待人员的指示更换拖鞋，先观望等待，不应擅自拿取拖鞋。

鞋柜里的拖鞋，是给特定客人准备的（已经预约的其他重要客户），也有给企业内特定人物准备的（企业经营顾问或创业时期的元老级人物等）。

会场选择

日本企业非常注重会客室窗外的景色，在租赁办公场所时，把会客室的窗外景色作为重要的评价指标之一。如果会客室的窗外没有美丽的景色可以欣赏，企业则在墙壁上悬挂富士山等名胜古迹的油画或摄影作品，点缀会客室的气氛。

从会客室的窗外，我欣赏过美丽的富士山、盛开的樱花、东京铁塔等景象。作为来访客人极有可能因窗外美景产生的舒适心情，促成一段值得回味的美谈。

也有些日本企业会结合会谈主题，在会客室的桌面上摆放几束鲜花衬托气氛。

会场座次

在日本，会场或会议室的座次有着严格的上座和下座之分。参加会议者应根据自己的身份和职位资历，确定适当的座位。在难以判断的情况下，可以等待会议主持者安排座次，或等待身份职位高的人员落座后，再选择自己的座位。

有时候主持方会事先指定座位；有时候双方领导也会根据参会人数和座椅的多少商议座次。一般距离会议室入口最远的座位是上座，最近的是下座。如果参加某位领导主持的会议，距离领导越近的座位越是上座。作为招待方，一般应坐在会议室入口一侧，被招待方，应被安排坐在会议室内侧。

会议餐饮

怎样看待日本企业的会议招待餐饮习惯?

招待午餐

我在日本的一些偏远地区工厂内品尝的盒饭美食。

日本企业向来访客人提供的午餐一般是便餐或是盒饭，没有提供烟酒的情景。如果从健康饮食、会议效率考虑，日本企业的午餐招待习惯非常值得借鉴和提倡。

如果是在企业的职工食堂就餐，午餐通常是一份便餐，饭菜清淡简单，但是营养很齐全，一般还会配一小碗热汤；如果是在餐馆就餐，通常就是一份简单的套餐或一碗拉面，企业会安排有关员工陪同就餐；如果是在会议室里吃盒饭，会配有湿纸巾和开水冲泡的汤料。

盒饭插曲

按照日本的习惯，盒饭内有时会放一颗梅干，不仅外观好看，而且具有杀菌解毒的作用。随着制作水准及包装技术的提高，热乎乎的美味盒饭越来越常见，不放梅干的盒饭也越来越普遍。

在日本吃盒饭时应注意，如果不习惯吃梅干，可将其留在盒饭内。即使梅干不被吃掉，也发挥了其特有的杀菌解毒作用。也可以考虑选购不放梅干的盒饭。

招待晚宴

日本企业员工很注重通过边吃边聊的方式与客户沟通意见，借此加深感情。业务招待性质的晚宴一般会选在交通便利、商业繁华的地段，有时也会在宾馆内的高档餐厅。如果人数较多，聚餐地点是否有存衣处是预约的一个重要考虑因素。为了尊重客户的口味和习惯，招待企业一般会事先确认客户的喜好及忌口食物。

在日本，除了中餐、西餐外，还有很多有特色的日本地方料理。关于忌口食物，有部分日本人分别对鸡蛋、纳豆、青鱼、碳酸饮料及生鱼片过敏（虽然是个别现象，但也证明并不是所有日本人都喜欢生鱼片）。

在日本参加招待晚宴应注意日本人的餐饮习惯。

（1）日本人敬酒时说的“干杯”，并不是真的要将杯中酒一饮而尽，只是寒暄而已。与中国人的敬酒习惯一样，第一杯酒一定要等大家举杯说“干杯”后才能喝。日本人一般是根据自己的酒量，掌握节奏慢慢喝，不喜欢强制性劝酒。

（2）日本人习惯敬酒，但不习惯敬烟。大多数日本人认为，请别人吸烟是对健康的不尊重，还违反法律法规。

在日本很多公共场所禁止吸烟，料理店也设有禁烟区域或全店禁烟。在日本不满20岁（注：从2022年4月1日起将按18岁施行）的非成年人吸烟喝酒是违法的，法律也禁止商店向不满20岁的人出售烟酒，所以在日本的超市或便利店买烟酒时，店员会确认顾客年龄。日本人对不满20岁的非成年人，既不敬酒也不敬烟。

（3）如果不是正式的晚宴，日本人一般习惯分批点菜，原则也是少而精致。在日本，剩下大量饭菜是浪费行为。别人请客时如果剩下大量饭菜，请客方可能会担心是否饭菜不合口味。

（4）不要背对客人脱鞋，日本人认为这样是不礼貌的。如果是在日式榻榻米房间就餐，需要脱鞋后进入。面朝客人脱下鞋子后应将鞋头朝外。

（5）在外部餐厅就餐时，日本企业内部规定禁止员工与客户谈论具体的工作内容。

（6）日本人非常注重筷子的用法，筷架一般纵排于食物左侧，筷子则横摆，不能正对他人，更不能插在饭菜上。用餐完毕后把筷子放入筷袋，摆回筷架上。大家共同点菜时，一般要用公筷取菜，不能在取菜时犹豫不定，取而不拿。

（7）日本企业在安排招待餐饮时，通常会事先指定专人（一位或数位）作为会餐干事，安排所有预约、准备事宜。宴会后也由会餐干事负责结账、收取发票。特别注意不要在客人面前买单。

优秀的会餐干事经验丰富、考虑周全，一些做法值得参考借鉴。会餐干事会提前到达聚餐地点，查看交通与包间情况，有时也会提前预约好出租车辆。

如果确定客人没有开车前来，且人数不多的情况下，干事会在聚餐基本结束时预约车辆，把出租车预约票交给司机（会在客人上车之后告知）。这样客人不需要支付现金，也是为安全考虑。

（8）在日本，餐馆一般不额外加收服务费，日本人也没有支付小费的习惯。一些高级饭店会加收 10%~15% 的服务费，客人不需要另付小费。

（9）在日本参加招待聚餐时，进入包房后应先观察确认后再入座。一般离门口最远的位置是上司或贵宾坐的上座。而职位或辈分比较低的人，则坐在离门口最近的地方。

二、三次会

在日本，正式的招待晚宴结束后往往会有人提议，另外寻找地点举行第二次聚会。第二次聚会后也可能有人会提议继续第三次。

很多日本企业员工有从众心理，可以理解为“大家都参加，所以我也要参加”，或者是“如果这次不参加，担心以后被大家疏远”等心情的表现。

为了节省费用开支，日本企业员工参加“二、三次会”的热情明显减退。如果自己不善吃喝，可以礼貌地表示有其他事情不方便参加。“二、三次会”原则上是自愿参加的很少有强迫参加的现象。

关于“二、三次会”的聚餐费用，如果事先没有人说要请客，一般参加者都遵守“AA 制”。某些情况下，聚会人员中职位较高的领导会主动多支付一部分费用，剩余的则由其他员

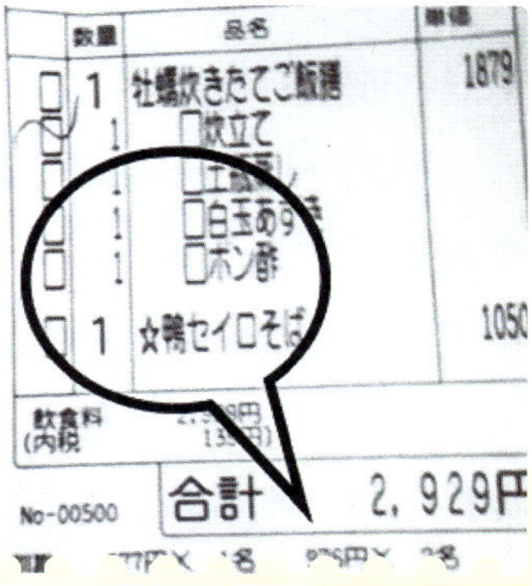

日本餐厅的收款单，显示顾客需均摊的餐费金额。

工均摊。

根据客人要求，日本餐馆或酒吧服务员会用计算器帮客人计算，每人应分摊的费用。

如果是正餐后以联谊为目的的“二、三次会”，相关餐饮和娱乐费用一般由参会人员均摊。如果是领导主动邀请员工参加的，领导会象征性多分摊一部分费用。如果是出于业务招待的“二、三次会”，招待单位会承担餐饮和娱乐费用。

在日本参加聚会时，提前准备好零钱也是一种礼仪。我参加过一次退休送别会，聚会通知上明确提示了注意事项。其中除了会议地址及交通路线外，也提醒参会者准备好零钱，并且详细公开每个参会人的分担金额（一般按照职位级别或前、后辈划分）。

会场美女

对于来日本参加商务活动的中国企业员工而言，如果在餐饮会上多了几位日本美女“偶然”一起参加，千万不要自作多情。

这些女士可能是招待单位或相关业务单位聘请的公关小姐。

会场失物

如果在餐饮会上偶然发现了没有主人的钱包或贵重物品，一定要头脑清醒，应当警惕，可能是有人施的“丢包计”，也可能是一场恶作剧。**在日本从事商务活动时，除了要冷静对付美女诱惑外，还应特别注意防范金钱诱惑。**

日本早在 1899 年就制定了《遗失物法》。该法律规定，如果捡到别人丢失的物品据为己有，属于盗窃行为，应作为“私吞遗失物罪”

遭到起诉。

根据最新日本《遗失物法》的相关规定，拾得遗失物者必须尽快返还给失主或交给警察备案登记。警察把丢失物品备案后将在网络上公开失物信息。在三个月后还没有人认领的情况下，拾物者获得拥有失物的权利。

如果现钞在三个月内无人认领，扣除个人所得税后归拾得人所有。如果三个月内有失主认领，失主有义务支付给拾得者礼金，金额为遗失物价值的 5% ~ 20%。警察可以在征得拾得者同意的前提条件下，告知失主拾得者的姓名和地址。

有个日本人在旅游景点捡到外国游客的钱包并返还给失主之后，追要过酬谢礼金。那位外国游客虽然高度赞扬了日本人的拾金不昧，却无法理解追要报酬的行为。

在日本，失主被追要回报也并不是完全没有道理的。失主支付给拾得人物品价值的 5% 或 10% 的酬谢礼金，是当事人双方都比较能够接受的做法。

忘年聚会

每年 12 月份是忘年聚会的繁忙季节。日本企业、协会团体之间，企业员工及亲朋好友之间喜欢举办盛大的忘年聚会，也就是传统的年终联欢会。

通过聚会，大家一起回首过去一年里的辛苦，总结全年的业绩情况，也缓解一年来的工作、精神压力。如果年末没有时间举办忘年会，也会在 1 月份举办庆贺新年的聚会。

为了促进与经销商等客户单位的关系，日本企业会给业务部门提供一定的招待预算金，用于忘年聚会。也有日本企业按照公司惯例或相关福利政策，为公司或部门的忘年聚会提供一定的资金补助。

近年来有些日本企业为了节省开支，正在减少或废止资金补助，但是作为一种企业文化，很多经营者，对补助制度是持支持态度的。

在年末召开忘年会，无论是中华料理店、西洋料理店还是日本风味的居酒屋，都是需要预约好座位或包间的。我参加过东京湾屋形船上举办的忘年会（**日本传统风格的游览观光船**）。大家一边欣赏着海湾的美丽夜景，一边享受着季节美食，兴致高昂时很多人抢着要高歌一曲，确实是一次充满欢歌笑语、富有浪漫情调的忘年聚会。

04

第4章

日本企业的精细文化

文件管理
日本企业如何管理“机密文件”？

防止油泥漫溢

企业在日常经济活动中需要在很多合同和文件上盖章。有些日本企业员工在盖章后，会立即在盖章及签字处贴上一张报事贴或小纸条。

签盖人在一份文件的最后一页盖上骑缝印章后，为了防止油泥漫溢，立即贴上一张不同颜色（便于分辨）的报事贴。这种做法简单实用，可以立即分辨具体签字盖章处，也可以防止盖章和签字的地方发生油泥漫溢。

加盖骑缝印章

在日本，很多专业服务机构出具报告书时，会在文件的最后一页加盖骑缝章，为了防止报告文件被伪造，也是为了给使用者更多信任感。

在报告文件上加盖骑缝印章是日本专业服务行业的传统文件管理措施。

防止塑夹裂开

日本企业员工存放及传递文件时，习惯使用透明的塑料文件夹。不仅防止文件被涂抹受损，也便于整理存放。目前日本企业经常使用的塑料文件夹有以下三个基本特征。

★ 1. 塑料硬度适中

目前日本文具店出售的塑料文件夹硬度适中。太软，无法保护文件；太硬，容易划伤人。

★ 2. 侧面有一个半圆形小孔

通过半圆小孔拿取文件很方便，只要折起小孔就可以轻松取出文件。这个小孔一般在文件夹的右侧上方，便于寻找和折合。

★ 3. 下面有一个三角形小孔

这个小孔可以把开合文件时的空气压力分散，延长文件夹的使用寿命。打开或折合文件时，空气压力会直接作用在小孔上。如果没有这个三角孔，多次开合后文件夹会从下方的黏合处裂开并报废。

塑夹邮寄文件

日本企业员工向外部邮寄重要文件资料时，会把文件放入塑料文件夹内一起邮寄出去。目的是为了保护文件在邮寄途中不被损伤。

加盖封口印记

向客户邮寄信件时，日本企业员工会按照内部的管理规定，在信封封口处加盖一个印记。印记多种多样，有的是一个“缄”字，有的是“封缄”两个字，也有的是“企业名称”加“封缄”的橡皮章。

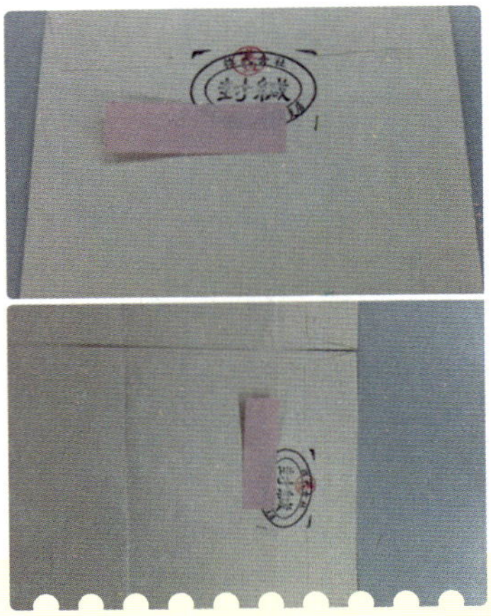
加盖封口印记。

也有一种做法是直接在封口处画个叉。日本企业员工，认为还是加盖“封缄”橡皮章的方式比较正式。这种橡皮章一般放在公共办公文具柜里，员工可以随便使用。

预填附件清单

在希望客户回寄文件资料时，日本企业会寄出一份文件资料清单，也会把希望客户回寄的文件资料名称预先填写在回函信封上。寄信人把相关资料装入信封后可以直接在信封上标注记号，表示已经确认过相关资料。

这种方法可以便于客户在邮寄回函时检查文件资料是否全部放入信封，也便于企业回收文件资料时确认资料是否有遗漏或差错。

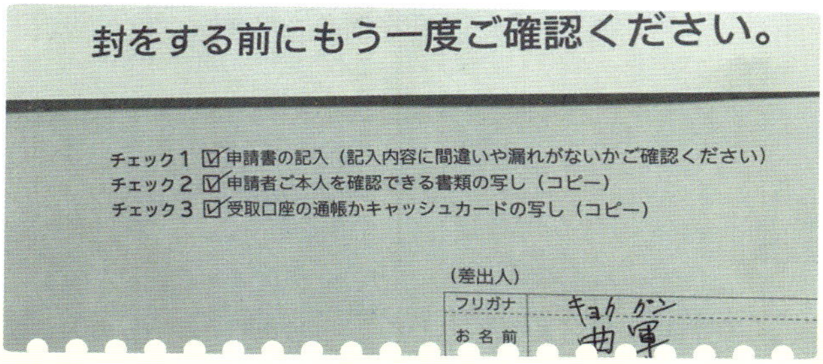

日本企业在回函的信封上，预先打印上的希望客户提交的资料清单。

规定保密措施

日本企业规定了详细的文件保密措施。以下列举的文件保密措施值得参考借鉴。

保密等级

在发放文件前，发放人要检查文件内是否有应当保密的信息，也应当确认文件的保密等级。

分类等级

编写者必须提前申请文件的保密等级，发放人必须严格按照保密等级发放与回收。文件的保密等级由低到高依次为：禁止外部传阅、禁止其他部门传阅、禁止管理层以外员工传阅。

回收记录

所有应回收的重要文件必须做好发放回收记录；有些日本企业规定了严格的文件回收归档期限，依重要程度可分为：会后立即归档禁止照相的文件、发放当天必须归档的文件、发放数日内必须归档的文件。

限制传阅

如果机密文件需要在会议上传阅，必须请示业务主管领导签字批准，并记录传阅时间及人员。

限制复印

如果机密文件需要复印，必须请示业务主管领导签字批准，并记录复印内容。

记录打印

很多公司内的打印机都有自动记录文件的功能。

限制打印

一些公司规定，任何员工不得擅自打印严格保密文件。开会时需要阅读的机密文件只能在电脑内浏览。

废弃管理

企业员工必须把废弃的会议文件投入“机密文件箱”或使用碎纸机立即处理。

空壳电脑

有些日本企业员工外勤使用的是空壳电脑，这种电脑内没有任何文件信息，也没有保存和备份文件的功能。

云端工作

外勤工作专用电脑除了上网收发邮件，主要功能是在云端阅读或编辑文件。即便员工在外勤工作中丢失了这种电脑，也不会丢失云端的任何资料信息。

清理桌面

有些日本企业办公区的桌子上没有任何文件，“人在文件在，人离文件离”。有些企业明文规定，任何处理中的文件都必须处于视野之内，离开办公桌就要把文件放进桌内或归档存放。

禁用 U 盘

有些企业明文规定，禁止员工使用任何客户的 U 盘。禁用外部 U 盘是为了防止电子文件感染病毒，也是为了防止由于 U 盘丢失或被盗导致的文件内容泄漏外传。

机密文件处理

有些日本企业内部规定，必须由本企业员工把废弃的重要文件投入“机密文件箱”或者使用碎纸机进行处理。

在日本，使用“机密文件箱”处理报废文件的管理方式，也催生了几家保密文件回收服务公司。工作人员会根据签订的回收报废文件日程表，定时在企业总务人员的陪同监督下，从“机密文件箱”

内回收文件，并在销毁文件后，向企业提交《机密文件处理证明书》或《销毁文件实施报告书》。

回收公司的工作人员穿着统一制服，胸前佩戴工作证。工作证是印有本人姓名和照片的胸牌，给人一种信任感。

标注盖章位置

有些日本企业在即将签订的合同书或重要文件上提前标注了具体的盖章位置。这往往是顾问专家参与协助的结果。很多日本企业在签重要合同时会聘请律师或行政书士事先参与审阅。

这些顾问中很多是经验丰富的合同专家，除了参与审阅合同，还指导一些合同文件的注意事项，其中就包括标注盖章位置。

预备印泥纸巾

日本的银行、邮局及不动产中介公司等服务性企业在与顾客签约时，一般在服务柜台或签约现场提前摆放好印泥和纸巾。当顾客签字盖章后，员工会主动把擦拭印泥的纸巾双手递交给顾客。

顾客擦拭干净后，员工会立即用双手接住使用过的纸巾，统一收集在一个小盒子内。顾客离开后，工作人员才会把垃圾扔掉。

检查核对印章

日本企业在签订合同书或重要文件时，规定必须检查对方企业或个人的印章是否正确。

业务部门应从以下几个方面检查印章是否正确。

（1）公司名称是否正确、清晰。

（2）加盖位置是否正确。

（3）印章是否与以前一致。

（4）印章是否通过银行审查。

（5）印章是否与《印鉴证明书》一致。

获取印鉴证明

日本企业签订重要合同及文件时，除了盖章及签字，有时还会被要求提供盖章人的《印鉴证明书》原本。通过《印鉴证明书》上的印鉴影印样本，可以直观检查合同或文件上的印章是否存在差异或虚假。

公司法人的《印鉴证明书》需要从法务局有偿（数百日元）获取；如果是日本籍个人或有长期签证的在日外国人，其《印章证明书》需要从当地区政府有偿（数百日元）获取。

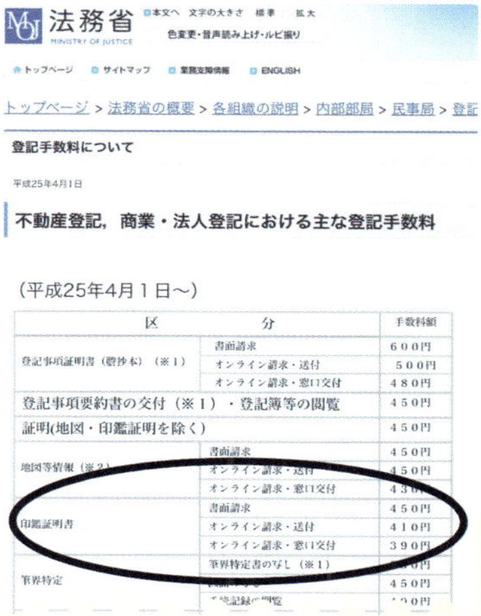
法務省 MINISTRY OF JUSTICE 本文へ 文字の大きさ 標準 拡大
色変更・音声読み上げ・ルビ振り
トップページ サイトマップ 業務支援情報 ENGLISH
トップページ > 法務省の概要 > 各組織の説明 > 内部部局 > 民事局 > 登証

登記手数料について

平成25年4月1日

不動産登記，商業・法人登記における主な登記手数料

（平成25年4月1日～）

区	分	手数料額
登記事項証明書（謄抄本）（※1）	書面請求	600円
	オンライン請求・送付	500円
	オンライン請求・窓口交付	480円
登記事項要約書の交付（※1）・登記簿等の閲覧		450円
証明(地図・印鑑証明を除く)		450円
地図等情報（※2）	書面請求	450円
	オンライン請求・送付	450円
	オンライン請求・窓口交付	[illegible]
印鑑証明書	書面請求	450円
	オンライン請求・送付	410円
	オンライン請求・窓口交付	390円
筆界特定	筆界特定書の写し（※1）	[illegible]
	[illegible]	450円
	[illegible]	[illegible]

日本法务省在其官方网站上公布的发行印鉴证明书等资料证明的手续费一览表。

互相粘贴税票

日本企业间签订合同时会互相给对方提前粘贴印花税票并加盖骑缝章。这是一种常见的、互相信赖的签约习惯，提前把印花税票粘在指定位置。可以避免漏贴。

日本企业通过以下方式合理、合法避税。

★ 1. 只签订电子版合同

根据日本税法规定，电子合同属于印花税的免税对象。

★ 2. 尽量签订基本框架合同

根据日本税法规定，无金额记载合同的印花税是 200 日元。

★ 3. 争取分解合同金额

根据日本税法规定，金额未满一万日元的经济类合同属于印花税的免税对象。具体规定可参见日本国税厅在其官方网站公布的日本印花税税率一览表。

禁止饮料上桌

日本企业在签约时有一个禁忌细节，即桌子上禁止放置任何饮料，有些企业发生过文件被茶水损坏的事故。

翻动文件时可能不小心把咖啡或饮料杯子打翻。日本企业文化中的小细节往往是从日积月累的经验教训中总结出来的。

文件删除协议

日本企业在委托中介服务机构时，会在委托合同中增加一项文件删除协议内容。

合同中明确规定，中介服务机构在完成服务后，必须立即删除所有该企业提供的文件资料。合同规定中介服务机构还必须向该企业提交一份已经完全删除文档的书面证明。

文件更新记录

日本企业文件的最后一页会呈现文件所有更新纪录。

（1）文件编号。

（2）更新日期。

（3）更新人员。

（4）更新页码。

（5）更新内容。

（6）更新次数。

文件编号规则

日本企业规定所有文件编号必须连续，也制订了严格的文件编号规则。编号规则各异，但有一个共通点是所有的文件编号涵盖文件管理单位、文件业务分类、文件编号。

“123-456-789-002”编号的含义可以解释为：组织编码为 123 的某子公司制订的编号为 456（假定 456 是采购类业务）类业务的第 789 号文件。上述编号最后的 002 意为本文件是第 2 个更新版本。

技术管理

日本企业靠什么与别国企业竞争？

核心技术管理

一些日本企业把技术研发业务视为整个企业的经营管理工作，决不是只委托给科研部门承担。

企业并没有把总务部门视为单纯的行政杂务部门，而是视为重要的企业管理协调部门。很多日本企业的组织结构里没有单独的负责人直属总务部门，通常把总务部门置于经营管理总部之下。

日本企业是从以下几个方面做好核心技术管理的。

增收技术转让费

日本企业为了完成知识产权战略布局，除了坚决把核心工厂留在日本国内（关于这一点，一些中国企业在经营方针上很不明确），还以强化核心技术管理的名义逐步调高了从海外子公司收取技术转让费（例如，按照销售收入的一定百分比收取）的比例。

收取的技术转让费一方面被用于补贴日本母公司新技术、新产品的研究开发，另一方面也被用于保护管理核心技术的活动经费。制订知识产权战略的工作是由总务管理部门协助完成的，包括协助科研部门收集同行企业的新产品、新技术信息，完成技术专家的后勤保障工作，做好技术转让手续等。

加大核心技术开发

有些日本企业在经营战略上放弃了一些在日本国生产的产品，但是丝毫没有停止研发开发日本国内的核心技术。在完善全球生产加工与供应体系的同时，这些企业已经将技术优势逐步集中在核心零配件的研发和生产领域。

通过向世界各国品牌提供高质量的核心零配件，强化控制或参与产业上游的主导权，密切控制或参与技术标准的制订，把产业链上游的丰厚利润尽可能地保留在日本国内的核心工厂或绝对控股的海外子公司。加强海外子公司的管理工作是由总务管理部门协助完成的。包括协助科研部门收集同行企业的海外子公司经营动向信息，完成海外子公司技术员工来日研修等后勤保障工作，做好技术专利的申请手续等。

配合政府产业链布局规划

有些日本企业积极配合日本政府的产业链布局规划，尤其是抓小（**抓紧核心零配件生产**）放大（**放弃通用类型的产品生产**）的产业链布局。对于任何企业而言，与其期待政府制定更多的产业规划大纲，不如借助政府实施的产业链布局措施，持续研究、开发本企业的核心技术。

协助配合政府的产业链布局规划工作是由企业的总务管理部门参与完成的。

总务管理部门协助科研部门收集政府的产业链布局规划信息，完成新技术、新产品的定义、分类工作，做好新技术、新产品的市场动向信息收集工作。

强化核心技术保密措施

随着日本主流企业从“全员终身雇用体系”向“核心员工终身雇用体系”转变，员工辞职率日渐增加，将导致企业技术及营业机密外泄。

为了强化核心技术保密工作，一些日本企业采取了很多具体有效的措施。

（1）与所有员工签订《保守企业秘密合同》；

（2）要求所有员工每年提交一份《保守企业秘密保证声明》，并且每年至少参加一次《保守企业秘密培训》；

（3）要求 IT 管理部门在技术上限制所有员工的 IT 系统操作权限；

（4）要求技术管理部门每年更新《核心技术标准》；

（5）要求总务管理部门每年在内控制度上更新《文件保密等级盘点》；

（6）要求人事部门在雇用合同制度上与所有员工约定，办理退职或退休手续后的一定期间（半年或者数月）内，只有在确认了该员工在保守企业秘密方面没有问题后，才能支付退职补偿金；

（7）要求各业务部门与外部单位在业务合作前就正式签订《技术保密协议》或《业务合作保密协议》。

遵守政府技术保密规定

有些日本企业定期核查技术保密工作是否严格遵守了政府规定。其中一个重要的规定是日本经济产业部制定的《防止企业技术泄密指针》。

为了强化日本企业的文件保密意识以及维持技术竞争力，日本经济产业部在反复征集社会各界的意见及建议后，在 2003 年最终制定了《防止企业技术泄密指针》，明确规定了企业负责人必须亲自参与管理技术保密工作。

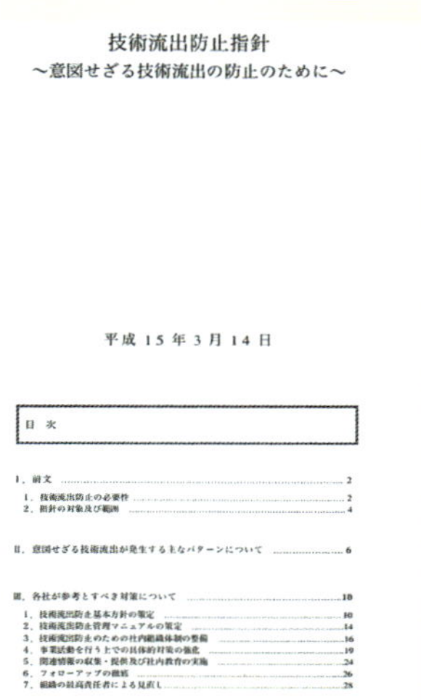

技術流出防止指針
～意図せざる技術流出の防止のために～

平成 15 年 3 月 14 日

目 次

I、前文 …… 2
1、技術流出防止の必要性 …… 2
2、指針の対象及び範囲 …… 4

II、意図せざる技術流出が発生する主なパターンについて …… 6

III、各社が参考とすべき対策について …… 10
1、技術流出防止基本方針の策定 …… 10
2、技術流出防止管理マニュアルの策定 …… 14
3、技術流出防止のための社内組織体制の整備 …… 16
4、事業活動を行う上での具体的対策の強化 …… 19
5、関連情報の収集・提供及び社内教育の実施 …… 24
6、フォローアップの徹底 …… 26
7、組織の最高責任者による見直し …… 28

日本经济产业部作为日本政府部委，在其官方网站上向社会公布的《防止企业技术泄密指针》。

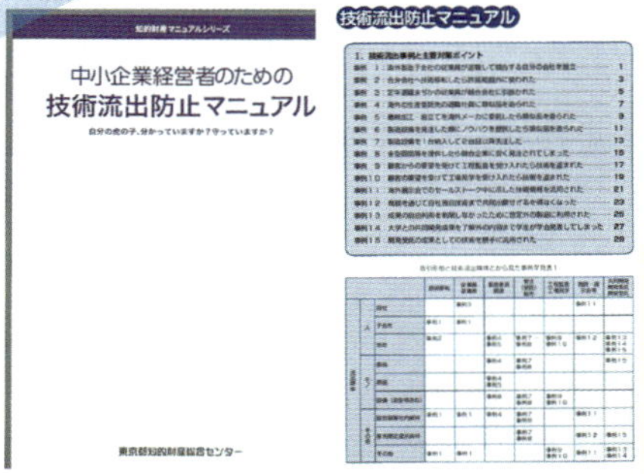

东京都知识产权综合中心在其官方网站上，向社会公布的为中小企业经营者编制的《防止企业技术泄密手册》。

解析不同行业的产品技术

有些日本企业时刻居安思危，除了持续改善自己的技术和产品外，还不断地解析不同行业的产品技术。这样做可以耐心、专心、静心地寻觅潜在的商业合作机会或新技术、新产品的参与机会，也可以时刻关注行业的发展趋势以及新的挑战。随着新技术、新产品的不断涌现，任何企业都是不进则退的。

为了解析不同行业的产品技术，有些日本企业采取了很多具体行动：组织企业内部跨部门学习不同行业产品技术；与不同行业的企业召开“跨行业产品技术交流会”；建立新产品、新技术数据库（包括产品材料、产品性能、产品构造、产品用户、产品法规、行业趋势等各方面信息）；成立新产品、新技术专业团队。

内部技术交流

一些大中型日本企业定期组织集团内部及关联企业之间的技术交流活动，包括建立技术信息共享数据库，定期召开内部技术交流展示会等。这些工作离不开总务管理部门的密切协助。

建立技术信息共享数据库可以使下属单位之间及时共享信息，最大限度地避免或减少重复的研发工作。通过定期召开内部技术交流展示会，可以使管理部门及时掌握技术开发进度，合理规划、分配研发专项资金。

内部技术交流展示会具有以下特点。

（1）如同参加展销会一样，下属各单位首先需要向企业技术管理部门申报自己的摊位面积及展示场地要求；

（2）参展单位需要汇报展示产品的开发进度，还需要征求其他单位的评论意见；

（3）鼓励成立临时的跨单位、跨部门研讨小组，现场探讨有关的技术问题；

（4）组织评选优秀研发项目，重点奖励项目研发团体，而不刻意奖励团体中的某个人，借此强调合作精神；

（5）企业技术管理部门对展示的产品和项目进行归类整理，评估企业需要的研发经费；

（6）原则上只允许企业内部人员参加，重要文件资料禁止复印，会议结束后回收归档所有文件资料。

监控产品信息

近年来，日本企业开始利用 IT 手段远程监控已销产品的情况。这些信息对持续改善产品质量、性能等有着非常重要的参考价值。不过从保护产品使用者个人信息的角度来看，这种做法有潜在的经营风险。

有些日本企业对外销售的机械、机电、机器人等产品内都预置了远程数据传输系统及远程锁功能。

日本企业对外销售的挖掘机等机械设备上随时可以安装 GPS 智能服务系统。这样日本企业就可以直接从任何挖掘施工现场把运行数据和现场的地质数据传送到数据中心。虽然这些数据主要是为了改善产品性能，但是产品用户认为自己的营业活动受到了严密监控。

挖掘机专用的 GPS 智能服务系统通常具有三维精确定位及远程传输运行数据等功能，所以有可能会成为收集海外战略情报的工具。

由于 GPS 智能服务系统还具有远程锁功能，系统控制者可以随时实施远程锁使大量海外挖掘机停止运行，对于海外使用者而言，存在严重的风险。

有些日本企业也深知遵守外国测绘法及数据管理法规的重要性，监控产品信息的行为得到了外国监管部门及海外用户的书面同意。他们充分利用 IT 持续改善产品质量及跟进分析产品性能，值得称赞和借鉴。

客户信息管理

一些科研部门享有随时查阅本企业共享客户信息的权限。有些日本企业制订了详细的客户信息管理规定。

（1）统一登记客户信息；
（2）统一编制客户号码；
（3）统一进行客户分类；
（4）统一保管客户档案；
（5）统一跟进潜在客户；
（6）统一跟进解约客户；
（7）统一管理客户动向；
（8）统一处理客户投诉；
（9）统一共享客户信息。

出差报告制度

日本企业的科研部门会及时与其他部门共享科研信息。除了参加各种企划会议和具体项目的研发演示以外，还及时分享科研出差报告。以下是一份出差报告，仅供参考。

出差报告
出差日期：
汇报日期：　　年　月　日
汇报人姓名：
出差情况汇报如下：

（1）出差部门：XX 部

（2）出差同行者：XX 部 XX 主任

（3）出差访谈单位：X X 公司 XX 工厂

（4）出差访谈人员：X X 科 XX 人（职务：科长）

（5）出差目的：

• 听取出差访谈单位计划使用本公司 XX 新产品所面临的相关疑难点及建议。

• 听取出差访谈单位对本公司其他产品下半年的需求情况。

（6）出差结果总结：

• 本公司 XX 新产品所面临的疑难课题。

• 预测出差访谈单位在下半年将增加 XX 产品的订购。

（7）附件：

下半年预测资料复印件

出差报告制度
提出日　平成　　年　　月　　日
氏　名
出張報告書
以下のとおり出張の報告を致します。
1.所　　　属
2.同行者：＊＊部　＊＊主任
3.出張先：＊＊株式会社＊＊工場
5.面談者：技術本部第一設計課＊＊課長
6.出張目的：
1)新製品（＊＊＊）のご紹介と技術的説明
2)新製品（＊＊＊）採用にむけて課題の聴取
3)納入中の製品に関しての下期需要量の聴取
7..出張結果報告：
1)新製品（＊＊＊）の印象/課題
　従来品（＊＊＊）と比較して＊＊＊＊。しかし、＊＊＊＊。
2)下期は＊＊主力製品の需要増が予測されているとのこと。
7. 添付資料　　有　・　無
　下期予測資料写し（二枚）。

维护自主品牌

维护自主品牌是日本企业科研事务管理的重要目标。各行各业有自己独特的维护自主品牌的方式。

以日本支柱产业之一的汽车产业为例，维护自主品牌的具体方式有以下几种。

★ 1. 维护自主品牌是一个实时监管的质量工程

企业应当组建派驻团队，持续与零部件厂商跟踪零部件的现场生产与品质监管情况，把维护自主品牌的核心确定在核心零部件的质量与功能上。

★ 2. 维护自主品牌是一个持续改善的质量工程

为了彻底维护自主品牌，企业应当持续改善业务流程与管理模式。既不应盲目采取“零库存”方式进行管理，也不应简单计算安全储备量来进行管理，应持续改善管理模式，寻求适合本企业的方式。

★ 3. 维护自主品牌是一个互动磨合的信赖工程

维护自主品牌是上下游企业联动的品牌维护，不是车厂形象的单独维护。品牌维护需要对上下游企业具有一定程度的掌控能力，这种能力可以促进信赖关系的发展。

★ 4. 维护自主品牌是企业文化的整合工程

很多零部件企业的商业习惯、内控制度、培训制度、品牌意识、企业理念，都有相似的地方。这种相似一般是企业文化整合的结果。整合是在互相尊重的基础上逐步实施的。

整合过程中难免出现摩擦与矛盾，日本企业独特的“由浅入深”式的碰头会和交流会缓冲或解决了这些摩擦与矛盾。

★ 5. 维护自主品牌是独立自主的技术管理工程

不是被动合资，也不是被动代加工，而是管理掌控技术标准，把握自主品牌的技术优势。日本一些汽车品牌的技术管理专业、系统且独立自主。

★ 6. 维护自主品牌是需要产业官僚政策性扶持的工程

很多日本的产业官僚（既不是政治家也不是行政干部）一辈子都在系统地接受专业培训，持续地接受外部专家团队的支持，专心干好一个或几个产业链的扶持工作。企业在产业官僚团队的政策性扶持下，可以排除非专业性指示或指令。

交际管理

日本企业间送礼的尺度有多大?

送礼尺度

向日本企业赠送礼品时，必须掌握好尺度。如果不了解而贸然送礼的话，可能会令对方感到困惑。逢年过节时，日本企业之间邮寄礼物或促销赠送，一般以除食品外的小礼品为主：挂历、电子购物卡、购物券、图书券、报刊杂志订阅券（已经支付预订款项）、精美工艺品及毛巾等日用品。

日本企业向顾客赠送的购物券。

见面访谈时赠送的礼物一般以盒装糕点为主，高档水果（高档甜瓜、芒果及葡萄等）或精致的小礼品为辅。

很多日本企业在内部的管理规定中，制订了具体的赠送和受赠金额标准。有些企业还制订了严格的礼品赠送预算审批制度。

日本企业间互相赠送的礼品，虽然包装精美，但是并不贵重，市场价值一般在数万日元左右。

为了加强企业员工的遵纪守法教育，近年来有些日本企业还制订了《礼品申报制度》。该制度规定本企业员工赠送或接受超过一定金额（例如数万日元以上）的礼品时必须自行向上级汇报，还必须向本企业的管理部门申报登记。

因工作关系而赠送或接受的礼品，必须是工作性的、常识性的、礼仪性的，坚决杜绝违背社会常识的非正常赠送行为。

一些内控管理比较完善的日本企业还制订了《企业员工违法违纪行为举报制度》。除了设置专门的举报热线，还在公司的官方网站上对外公告举报用电子邮件等联络方式。

有些日本企业还根据需要聘请外部法律专家，定期（每月一次或每季度一次）举办内部演讲会或咨询会，协助处理相关事宜。这些日本企业定期向股东汇报调查结果，及时向全体员工公开相关信息。

严格的规章制度和行为准则可以制约企业的普通员工，但是很难制约企业经营者及关键岗位的高级管理人员。**日本某些固有的行业惯例及商业习惯，也制约着交际费用管理制度的严格实施。**

日本某些行业需要根据惯例支付给业务介绍人一定比例的回扣，业务负责人会采取一些变通的、合法的方法完成支付。如果某员工负责的大客户采购主管升迁至采购科长，该员工按照本行业的商业习惯，应与上司一起请采购科长吃饭，并赠送一定金额的礼金。

如果企业对现金赠送行为规定了上限金额（一般是数万日元），实际业务中，为了维持与大客户的关系，还是会采取一些合法变通的方式，赠送超过上限金额的礼金。

某些变通方式其实是违反企业《交际费管理规定》的。但是在激烈的商业竞争环境中，为了维持客户关系，有时不得不采取。即使企业严格规范了送礼尺度，也不得不考虑某些行业的商业习惯及人情世故。

如果能维持稳固的客户关系或能成功开发新的客户，某些违反常识但不违法的交际习惯是得到企业经营者默许支持的。

按照目前的日本会计准则，企业实际支付的交际费在会计核算上是允许全额计入费用的。但是日本的税法对交际费的税前扣除则有着严格的限制规定。日本国税厅在其官方网站上公布了具体的交际费范围及计算方法的相关解答。

与企业相比，日本的政府机关更加注重规范治理“送礼”之类的社会问题。除了加强内部审计及外部社会监督等措施，还采取了很多技术性手段，减少“送礼”的机会。

在日本，公营住宅的租金便宜，导致每年申请的人很多。日本政府有关部门规定，公营住宅的抽签工作必须采用计算机程序随机选号的方式。通过技术手段，轻易地杜绝了政府工作人员的舞弊机会。

具体操作流程是：

根据报名申请单，每位申请者被赋予一个随机选出的编号，选号工作在多位审计和公证人员的严格监督下进行，由计算机运行专门的程序，随机抽取。如果申请者中签，则获得限定居住期间的入住机会，如果未中签，只好等待下一次抽签机会。

任何人都无法操纵计算机的运行结果，即便有公务员收了申请人的贿赂，也无法从操作流程上走后门获得中签号。

日本的国会议员、医生、警察、国家公务员等不会轻易接受较贵重的礼品。他们都属于待遇相对优厚的阶层，而且工作稳定。

按日本相关法律，假如涉嫌收取贿赂，他们会被解职或接受处分，不仅会失去工作，还会在社会上失去信誉，事业前途自然也会受到极大影响。因此在赠送礼品时，一定要掌握好尺度，留意受礼人的身份与背景。

员工之间禁止送礼

逢年过节，很多日本企业会安排业务人员选购包装精美又不太贵重的礼物寄送给重要客户，把礼物作为一种交际润滑剂，以此期待工作业务上互相关照。

在日本，关系比较密切的亲朋好友之间也很重视逢年过节相互赠送礼物，看作是沟通感情和互相问候。

日本人很重视逢年过节的送礼习俗，也很自觉地遵循礼轻情义重的传统观念。为了在节日期间不影响彼此的工作和休息，很多日本人以一种很平淡的心态在商场或邮局订购中意的礼品，通过邮递方式寄送给对方。

日本人深知“无功不受禄”的道理，向关照过自己的人赠送礼物，向关心自己的人赠送贺卡或书信问候。

近年来随着电子网络的发展，通过电子邮件、手机短信或社交 APP 互致问候的日本年轻人日益增多。

很多日本企业也提倡员工以电子邮件或电子贺卡的方式向重要客户致以节日问候。

有些日本企业明文规定，员工之间原则上禁止互相赠送节日礼物。这么做是为了减少工作中以物质进行感情投资现象，但从尊重传统送礼习俗来看，可以适当地灵活掌握尺度。

送礼细节

日本人向对方赠送礼物时，一般会很谦逊地说："给您赠送的礼品，实在不是什么好东西，请您先收下吧。"在日本，这种表达方式被认为是良好的礼仪表现。并不是礼品质量有问题，而是日本人在赠送礼物时习惯说一些客套话而已。

日本企业的员工礼仪培训教材中特别强调，赠送礼物时应保持谦逊的姿态，即使再昂贵的礼品，也不可炫耀。日本人在接受礼物时会微微躬身致以谢意，并恭敬地用双手接受。

一般情况下，礼物不当着送礼者的面打开。这表示不在乎礼物的质量和数量，而在乎对方的心意。这与中国的"千里送鹅毛，礼轻情义重"极其相似。也有的日本人喜欢当面打开礼物，表示愿意敞开心胸，通过对礼物的欣赏与评论，与送礼人进行更加深刻的沟通交流。

除了在接受礼品时要表示谢意外，与送礼者再度见面时一般还要口头表示感谢。日本人认为先后感谢多次，表示没有忘记送礼人的恩情。日本企业员工因工作业务给对方送礼时，将这视为工作的一部分，因此再次见面时，主要是以谈论工作为主，一般不再提及礼品。

日本人如果接受了对方赠送的礼品，通常会当场或在日后合适的时间，用同价值的礼物来还礼，以略表谢意。有的日本人偶尔也会回赠更加贵重的礼物，但如果礼物价值超过一定金额，就必须向领导汇报并申报登记。这种方式反而会让接受礼物的一方感到被动、为难。因此，不要送昂贵的礼物给日本客户。特别注意要把礼物上的价格标签撕掉，不然收礼人因难以选择合适的回赠礼品感到困惑为难。

日本企业员工对外赠送食物类礼品前，会认真检查食品的赏味期限（一般比保质期限要短一些）。**没有赏味期限的食品礼物是严禁选购和用于赠送的。**

婚礼红包送多少？

婚礼红包是日本人送礼习俗中的重要组成部分。员工之间对新婚的同事通常只送红包，不送礼品。也有一些企业员工只送祝福。

企业按照员工福利制度已经给新婚的员工发放了一定金额的祝贺金（一般是数万日元），所以员工之间赠送婚礼红包的习俗被制度淡化了。接受邀请参加新婚同事的婚宴时，按照习俗礼仪应赠送红包表达祝贺和祝福。

按照日本人送红包的惯例，送给普通朋友五千到三万日元的不等，亲密的朋友更多。

红包的金额不能是偶数而是奇数。偶数金额一般认为可以被任意均分，比如两万日元可以均分为两个一万日元，象征婚姻破裂，令人感到不吉利。而奇数金额不能被均分，象征婚姻牢固，当然就被认为是很吉利的事情了。

有些日本人认为可以送偶数金额的红包，但是需要注意红包内的钞票张数。以两万日元的红包为例，可以先放一张一万日元的钞票，再放两张五千日元的。虽然总额是偶数，但钞票张数是奇数。日本人认为这基本上不算失礼，但是需要注意钞票必须都是新的，不能有折痕和污迹。

在中元节如何送礼？

快要到中元节的时候，随着百货店等商家的促销宣传，日本人又该准备礼物了。年中时节，日本人络绎不绝地到商场或邮局订购中元节礼物，赠送给亲朋好友或关照帮助过自己的人。

日本的中元节起源于中国，传入日本后，在江户时代逐渐成为民间习俗。大约从明治时期开始，日本大城市的百货店把中元节送礼作为重要的商业促销活动。年复一年，中元节的商业气息日渐浓厚。

随着时代的发展，每年 7 月上旬原本分享祭品的行为渐渐变成了现在的送礼习惯。尤其是一些日本的中小企业已经把中元节赠送礼物作为一项重要的营销活动。

根据日本一些百货连锁店对外公布的销售数据可以了解到，日本中元节的人气商品是啤酒、日本酒、点心、挂面、火腿、咖啡等。

从这些商品可以看出，赠送的礼品注重经济实惠，体现心意。作为礼品，不仅是商品，也是社会文化及企业文化的体现。

应急管理
日本企业是如何加强日常应急管理的？

日本企业注重日常备置应急器材

在日本，很多企业按照应急管理预案，日常备置了一些应急器材。

日常设置 AED 仪器

很多日本企业设置了自动体外除颤器，简称 AED，是可以自动分析心跳、心电图，并根据语音等指示实施除颤的医疗仪器。按照日本相关法律规定，自 2004 年度 7 月起，非医护人员可以自主使用这种仪器参与医疗救助活动。

很多日本企业把 AED 设置在人员聚集的场所。例如厂区门卫室前、接待前台附近、职工食堂餐厅及车间入口等。安装设置时，一般由器具管理人员亲自确认《资产验收清单》内的检查事项，现场与安装人员共同签字验收。

相关《资产验收清单》的检查事项包括以下几种。

（1）管理人员与安装人员共同确认仪器的试用没有状况异常；

（2）管理人员与安装人员共同确认器具说明书是否与器具配套；

（3）管理人员与安装人员共同确认仪器箱外的使用警报器是否已经接通电源；

（4）管理人员亲自确认仪器的下次检测日期；

（5）管理人员亲自填写备用电池的下次更换时间；

（6）管理人员亲自确认仪器箱内紧急联络卡的信息准确无误（姓名、电话、电子邮件等）；

（7）安装人员在仪器箱内预留一张便于维修联系的工作名片。

除了各类企业，学校、医院、运动场馆、购物中心、车站、公园等人员比较密集的公共场所，基本上都已安装了 AED。

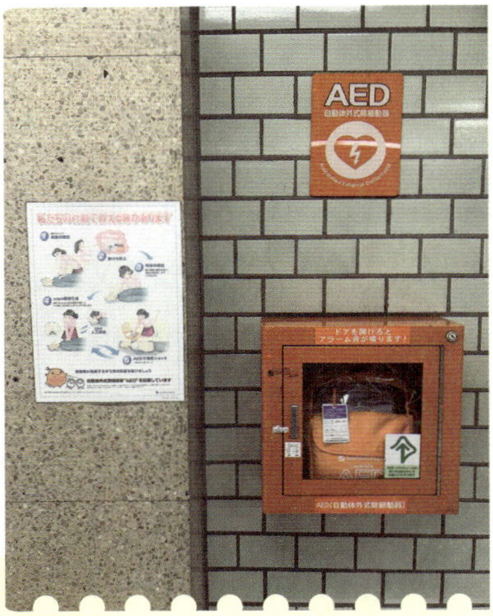

左图：设置在车站大厅的 AED 情景。
右图：东京防灾救急协会组织的包括 AED 讲座在内的“救命讲习”宣传海报。

日本的公益团体及消防部门也经常组织免费的 AED 实际操作讲座。

日本各地的消防部门在推动实施 AED 救护的普及宣传，也在构筑救急、救护认证体系，包括认证能够合格使用 AED 等仪器进行救护的人才和单位。日本的公益财团也常年资助购置 AED 训练器材的企业和团体。

有些日本企业也组织专门团队，积极配合医疗机构、消防厅、防灾救急协会等部门，共同构筑“全民急救链体系”。现场目击人员“及时通报及现场救助”，救护人员“及时应急救护”，以及医疗机构“及时出诊医治”，这三者能够及时互相沟通、有效合作的话，可以形成一个全民受益的“急救链体系”。

日常备置“应急防疫口罩”

日本企业的接待前台或服务窗口日常备置了“应急防疫口罩”，免费提供给忘戴口罩的客户使用。为了避免交叉感染，这种日常备置的应当是独立包装的一次性口罩。特别是银行及医院等人员密集场所，原则上应禁止提供大包装口罩。

日本医师会没有规定医院诊所必须给外来问诊人员提供免费口罩，所以有些医院诊所没有采取日常备置“应急防疫口罩”的措施。

日本的医院诊所在以下几种情况下应立即免费提供口罩。

（1）患者严重发烧、发热、咳嗽时（注：对于病情严重的患者，除了立即免费提供独立包装的一次性口罩，还要安排医护人员把患者带到单独的房间内等候诊断）；

（2）医生认为患者免疫力低下时（注：患者及陪同人员皆可领用口罩）；

（3）患者申报患有严重传染疾病时（注：完全由患者自主申报，不需要医生批准）。

日常配置“外勤空壳电脑”

有些日本企业全员使用“外勤空壳电脑”。电脑内没有任何文件信息，也没有保存和备份文件的功能。这些外勤专用电脑除了上网收发邮件，主要功能是在云端阅读、编辑、保存、共享、传送文件。

为了避免发生网络安全事件，有些日本企业的内勤专用电脑无法连接外网，只能使用企业内局域网。为了避免被外部网站自动记录，有些日本企业和行业协会提醒员工尽量不用或慎用工作电脑查询敏感词汇。

随着网络技术的发展，有些“外勤空壳电脑”通过技术手段内置了一些信息安全保护功能。

（1）可以通过远程操作，自动把电脑重新格式化；

（2）可以通过远程操作，自动修理、维护电脑；

（3）通过内置程序，把超过一定次数（例如 5 次以上）的错误密码视为电脑丢失或被盗，自动关机锁定或自毁操作系统。

如果企业员工在外勤工作中丢失了这种电脑，不仅不会丢失已经保存在云端的数据信息，也不会被恶意使用电脑。即使员工的电脑被偷、被恶意操作，也不会发生被技术性恢复硬盘之类的事故。

日常配置“外勤业务手机”

根据日本政府灾害应急管理机构的有关规定，在日本出售的手机都要安装 GPS 接收器。一旦发生灾害，即使电话持有人不知道自己所在地理位置，救援人员也能够根据 GPS 接收器，追踪到电话持有人。很多日本企业在《防灾救助手册》中规定，原则上给所有外勤人员配备安装了 GPS 接收器的手机，要求工作期间必须随身携带。

有一次某日本企业开会时，突然发生了震级为 5 级以上的地震。双方参会人员均在震后不久收到了一条短信，是公司加入的防灾救助网络系统自动发送来的灾害状况确认短信。大家立即按照平日防灾训练时的操作要求，及时发短信报告了自己的状况。

大部分日本企业已加入了由各级政府和警备公司推广使用的“人身安全确认和防灾救助信息网络系统”，发生地震等灾害后，这些企业能够很快收集到员工的人身安全信息，可以在该网络系统终端实时分析、统计每一位员工的所在位置和受灾状况。

日本的防灾救灾机构也定期开展面向市民的“手机传达安危”宣传活动。

手机附有自动定位及录音、摄像、扫描等功能，所以有些日本企业严格禁止外来访客携带手机进入厂区和办公区域。为了避免不必要的误解，有些日本企业要求访客把手机放回随行车内或代存在接待前台附近的个人贵重物品保管箱内。

有些日本企业在接待前台或会客区域张贴了禁止使用手机的提示。在日本，与工作业务相关的电话费用一般由企业承担。很多日本企业为了节省通信费用，与电信公司签订定额包月合同，而且企业内员工之间的手机通信是免费的。

为了避免信息泄漏，有些日本企业通过技术手段加强了手机的信息安全保护措施。例如通过在手机内安装程序，把超过一定次数（例如 5 次以上）的错误密码视为手机丢失或被盗，自动关机并清空内存。

日常设置“免费充电插口”

很多日本服务型企业为顾客提供“免费充电插口”。在服务区设置免费充电插口可以提高顾客满意度，还可以预防因没电而无法电子支付的现象。日本企业非常注重口碑经营战略，尽量提供细节服务来增加回头客、老顾客。

东京的餐饮业企业店铺内设置了“免费充电插口”。

很多日本企业把免费充电插口设置在顾客使用手机频繁的场所，例如咖啡厅、餐厅、候车室及车厢内。作为重要的安全检查事项，有些服务型企业要求在每个营业日结束后，由负责清扫的员工检查充电插座是否损坏，检查无误后在《清扫记录清单》上签字确认。

东京的电车乘客车厢内设置了“免费充电插口”。

日常设置“紧急通知按钮”

一些日本企业为了使目击者及时通报异常迹象，在很多现场设置了“紧急通知按钮”。企业教育员工要注意收集异常迹象报告，通过及时处理细微的异常迹象避免发生更大的事故。

日本企业把紧急通知按钮设置在事故发生频繁的场所，例如车站站台、乘客车厢内、货物装卸地点、危险品仓库附近、生产加工车间以及厂区门卫室前。

左图：东京的电车车站站台内常见的“紧急通知按钮”。

右图：出租车内的“紧急通知按钮”。如果出租车内的乘客感到车速太快，可以紧急按一下按钮，通过按钮告知司机减速行驶。

日常设置“紧急救护担架”

一些日本企业按照防灾应急预案，在企业内设置了紧急救护用的担架。在各部门的《防灾用品清单》内，这些担架的日常设置数量有着具体的规定。

很多日本企业把担架设置在日常有人看管且紧急时刻便于寻找的场所，例如接待前台附近、厂区门卫室前以及电梯内。

日常设置“防止事故栏杆”

一些日本企业按照安全生产规章制度，在工作现场设置了“防止事故栏杆”。企业教育员工必须防患于未然，预防是最好的防护。安全生产规章制度重点强调安全第一、零灾害目标管理，宁肯停产、限产也决不允许发生任何事故。

很多日本企业把防止事故发生的栏杆设置在人群往来频繁的场所。例如工程维修现场、建筑施工现场、设备检修现场、货物装卸现场。

上图：在日本繁华街道上经常可以见到的工程维修现场的“防止事故栏杆”。

下图：在日本繁华街道上经常可以见到的建筑施工现场的“防止事故栏杆”。

左图：日本的餐饮店铺内顾客出入比较频繁的落地窗之前的“防止事故栏杆”。

右图：在日本的公园、体育场等地跑步人群经常比较多的地方日常设置的“防止事故栏杆”。

在东京的大街小巷上经常可以见到的“防止事故栏杆”。这是东京市政工程的重要组成部分，防止了很多行人碰撞电线、铁丝、电线杆等障碍物的意外事故。

日常设置“常用药品药箱”

一些日本企业按照防灾应急预案及员工福利制度，在企业内各部门设置了“常用药品药箱”。药箱内有治疗感冒发烧、创伤擦伤等病症的常用药品，也有体温计等简易医疗仪器。

企业允许员工自由拿取药品，同时要求员工在《药品使用清单》上如实填写拿取日期、药品名称和数量，并且签字确认。有些企业与医药公司常年签约，医药公司定期派人前来补充新药、盘点和结账。

日常设置“隔离感应器具”

很多日本服务型企业为预防交叉感染，在接待顾客时广泛应用隔离式及感应式器具，包括脚踏式垃圾箱、消毒液器具，感应式自动开关水龙头、自动洗手液机、照明器具、自动开关大门、自动吸尘器等。

特别是在新型冠状病毒肺炎防疫期间，隔离式及感应式器具深受广大顾客欢迎，很多服务型企业相应扩大了应用范围和数量。

为了改善应用效果，服务型企业应参考以下注意事项。

（1）观察分析顾客的使用效果；

（2）收集整理顾客的反馈意见；

（3）总结跟进顾客的建议事项。

在日本购物中心入口处的脚踏式消毒液使用器具。

应急器材不一定能应对所有危机情形，也不一定能够真正得到使用，至少企业在紧急时刻能从容应对。企业日常备置一些应急器材是性价比最高的应急管理预案，是企业经营管理活动中必须考虑的。

疫情管理

日本企业是如何应对新型冠状病毒肺炎疫情的？

当日本国内确诊多例新型冠状病毒肺炎患者后，政府开始指导社会各界齐心协力应对疫情。有些日本企业基于以下原则采取了一些力所能及的应对方案：有备无患、不慌不恐、细化方案、公开透明。

组织、成立对策总部

日本企业分三个阶段应对疫情：第一阶段收集、分析信息；第二阶段召开对策会议；第三阶段正式设立对策总部。

三个阶段密切关联，又相互独立。每个阶段都显示出企业对疫情的应对状态，到下一个阶段则意味着疫情的升级。

当疫情升级时，日本企业的危机管理委员会依据应急管理规章制度决议是否成立对策总部。该部门统一协调与政府、医疗机构、行业协会、新闻媒体、业务伙伴及企业员工等的沟通与合作。不仅会演练相关的沟通、合作事项，也会事先拟定联络流程、问答内容、报告格式等。

★ 1. 日本企业在《危机管理制度》中的规定

危机管理委员会的负责人必须是企业负责人，对任何突发事项的应急管理负责，必须有依有据，避免依靠个人意志进行决策。相关事项包括自然灾害、重大事故等。

★ 2. 日本企业在《风险管理制度》中的规定

经营风险管理委员会的负责人必须是董事级别以上的高管人员，有责任编制企业经营风险评估报告，也有义务向危机管理委员会申请成立对策总部。相关事项包括大规模流感、疾病等。

★ 3. 日本企业在《业务管理流程》中的规定

为了应对突发事项或管控经营风险事项，企业负责人要定期审阅《对策总部操作手册》。**虽然在业务管理流程中已有成立对策总部的方法和步骤，但是一本持续更新的操作手册才是运营对策总部最有效、最直接的依据。**

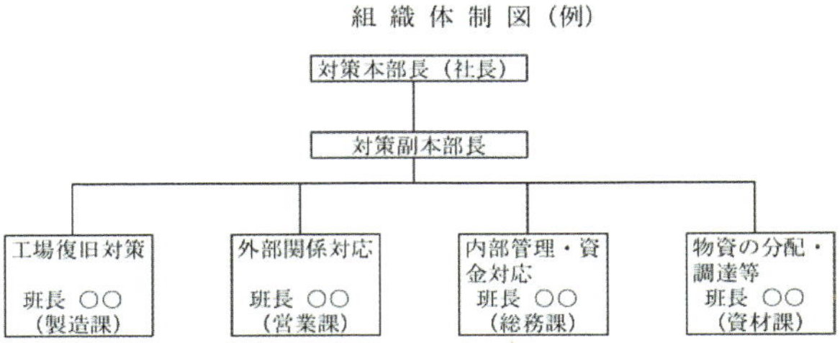

该图是日本的一些地方政府组织专家为当地企业设计的对策总部组织体制图。

鼓励员工在家工作

有些日本企业能顺利地组织员工在家工作，主要得益于对员工工作方式的改革。

工作方式的改革，使越来越多的员工逐渐适应了在家工作。企业对在家工作的员工有严格的要求：

企业必须获得客户的书面同意；工作内容必须是非绝密等级的资料；员工本人必须保证在家工作的环境是安全卫生的；业务主管领导必须亲自评估该员工的业务质量是全面可控的。有些日本企业还在其官方网站上公布了鼓励员工在家工作的对策方案。

禁止去疫区出差

在已经公布的应对方案中，有些日本企业规定要严格审批去疫区出差的业务，甚至有些企业暂时禁止去疫区出差。

企业间的应对方案存在一些差异，笔者认为主要原因是每家企业对疫情的判断可能不一样，并且每家企业的业务需求也不同。

一般而言，企业的紧急应对方案是严格按照相关规章制度编制、决策的。有些日本企业在《危机管理制度》中已明确规定：虽然，在疫情期间原则上禁止员工去疫区出差，但具体应对方案由企业负责人根据实际情况决定。

有些企业会根据以下三个阶段的实际情况决定应对方案。

（1）在收集、分析信息阶段，原则上控制员工去疫区出差；

（2）在召开对策会议阶段，严格审批员工去疫区出差；

（3）在设立了对策总部阶段，暂停或禁止员工去疫区出差。

有些日本企业规定无论处于哪一阶段，都鼓励员工通过电话、视频、电子邮件以及社交软件等方式工作。

实行出差隔离制度

有些日本企业规定从收集、分析信息阶段起，任何员工从疫区出差回来后，必须在家隔离 14 天以上才能正式上班。在家隔离期间，鼓励员工在家工作。还有日本企业规定，出差员工在隔离期需每天测量体温，若身体不适，则由公司预约医院，并报销医疗费用。

避免乘坐拥挤车辆

在新型冠状病毒肺炎疫情期间，有些日本企业规定员工必须避开上班高峰期（上午 7:00—10:00），也有企业规定员工可以灵活延长或缩短上下班时间，实际有效工作时间达到 8 小时以上即可。

除了避免乘坐拥挤车辆外，有些企业还要求员工尽量避免前往人群密集的区域。

禁止握手拥抱等礼仪

在疫情期间，为了防止被病菌感染，有些日本企业禁止员工做出握手、拥抱等礼仪行为，并且要求员工与客户保持 1 米以上的距离进行交流。

在此期间，也许可以探讨一下中国古代的拱手作揖礼，能否在中日企业商务交流中代替握手、拥抱等礼仪方式。

疫情期间佩戴口罩

在新型冠状病毒肺炎疫情期间，为了避免互相传染病菌，有些日本企业鼓励、要求员工在通勤、工作、外出时都佩戴口罩。有些企业虽然没有明确规定，但在办公场所放置了足量的一次性口罩。

鼓励人们日常携带口罩

在新型冠状病毒肺炎疫情期间，为了减少人们互相传染病菌，有些日本企业鼓励员工日常在办公包内预备口罩。其实，无论是否在疫情期间，有些员工每天都会办公包内备有口罩。这样，万一身体不适或发觉周围有人感冒发烧时，可以立即戴上口罩。

日本人日常携带口罩的习惯有几个细节值得称赞。

（1）即使打喷嚏时来不及佩戴口罩，也会主动把喷嚏打在纸巾上或自己的衣袖上；

（2）打完喷嚏后，立即洗手消毒；

（3）很多学校要求中小学生把口罩作为文具，日常携带。

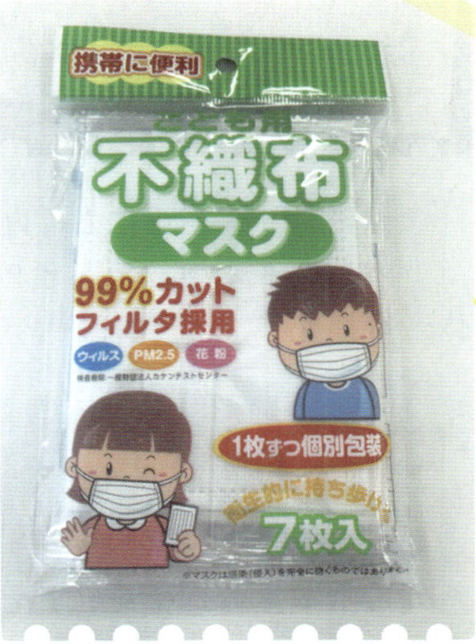

我在疫情期间去东京的某药店购买儿童口罩时，拿到的现金付款收据中儿童口罩被分在文具类。东京小学规定学生日常携带用品清单里有儿童专用口罩。

全面升级消毒措施

在新型冠状病毒肺炎疫情期间，为了控制人们互相传染病菌，有些日本企业全面升级了消毒措施。

增加酒精消毒液及消毒纸巾的放置地点；增加每天的保洁消毒次数；增加每天检查办公场所湿度，以及换气次数；增添员工的日常备用医疗药品和体温计，并鼓励员工主动测体温；紧急排查全体员工的健康状况、出差状况。

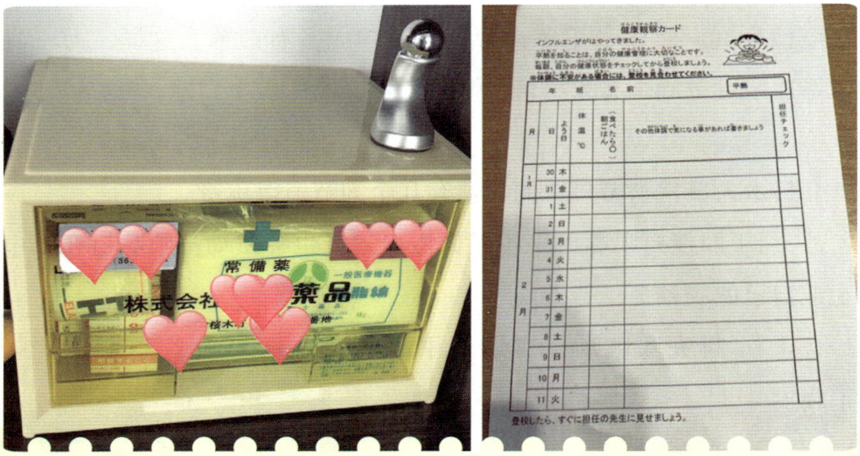

左图：日本企业在公司内增添了员工的日常备用医疗药品。

右图：日本学校为了预防流感病毒，对学生的健康状况进行量体温等排查。

强化日常卫生管理

为了预防流行性病毒感染，很多日本企业在多年前就实施了一系列日常卫生管理措施，并且这些日常措施在此次新型冠状病毒肺炎疫情中发挥了重要作用。

企业只有居安思危才能有备无患，强化日常卫生管理，也是一项重要的疫情应对方案。以下是很多日本企业常年实施的几项卫生管理措施。

（1）日常备置酒精消毒液。很多日本企业在公司的出入口、收款机、厕所附近等人群聚集的地点日常备置着酒精消毒液；

（2）禁止共用毛巾。鼓励员工使用自己的毛巾或一次性纸巾，提醒员工湿毛巾是滋生病毒的“温床”；

（3）每周清空一次冰箱。要求员工在食品、饮料的包装上贴一张纸条，其中注明员工姓名和放入冰箱的时间，每周都要将冰箱内的食物清空。

由于行业特征、企业特点、业务性质的不同，各企业间的应对方案会有所不同。但是，没有员工行动配合的对策措施都形同虚设。有效地组织全体员工全面实施包含“应急预案”“预防方案”“改善方案”在内的综合性方案是最有效的应对策略。只有“三案合一”，才能真正战胜这次及今后的任何一次疫情。

05

第 5 章

日本企业的防灾文化

防灾管理

日本企业如何做好日常防灾管理？

在日本，发生地震、台风、海啸等自然灾害是经常的事情。日本企业的经营管理者把防灾管理作为日常工作中基本的经营事项。很多企业制订了防灾规章制度，不断总结经验教训，持续改善防灾措施。

无论是日本上市公司的财务年报，还是日本企业经营管理专家的论著，在分析经营风险的管控时，都把防灾措施作为重要内容予以分析和论述。

下面简单归纳列举一些防灾措施仅供参考。

紧急救助卡片

与企业员工初次沟通交流时，根据胸牌信息，可以很容易记住他们的姓名和音容。

有些日本企业把员工胸牌做成一件具有美感的装饰品，还把它与员工的防灾救助卡片结合使用。即在胸牌背面附一张卡片，记录一些发生紧急联络事项时的重要参考信息。

日本企业严格规定所有员工必须把防灾救助信息卡与员工卡一起存放。内容有所编辑，作为范例，为了便于描述，我归纳整理了一份《防灾救助信息卡》，仅供参考。

防灾救助信息卡

（卡片正面）

联络事项	紧急联络信息
个人信息	员工血型：O；员工姓名：XXXX；员工号码：123456
报告灾情时	语音留言电话号码：1234；灾情报告留言板：http//www.XXXXXX（企业编号：4321；输入密码：5678）
丢失物品时	总务部电话：12345678；防灾救助中心电话：12345679；报警电话：119
紧急联络时	亲友电话座机：123456789；亲友手机：123123123；紧急联络地址：XXXXXXXXXXXXXXXX

（卡片反面）

发生地震时	防灾救助信息
如果在公司	必须遵守公司防灾指挥中心广播指示；必须紧急戴好安全帽，并立即拿取防灾救急背包
如果在户外	最好在公园等空地上紧急避难，注意楼房等建筑物上可能掉落东西，可以使用公文包保护住头部
如果在开车	必须紧急减速或停止行驶；如果周围有楼房和电线等，必须加速驶离
如果在客户	首先遵守客户指示；同时使用手机直接答复公司“人身安全确认和防灾救助信息网络系统”的手机短信指示

紧急救助口哨

一些日本企业不仅根据经验在员工卡内存放《防灾求助信息卡》，还配备了一支口哨。若遇到紧急情况，员工可以使用口哨呼叫救援。

如果发生自然灾害、治安案件及其他突发事件时，这种配备口哨和防灾救助信息卡的员工卡能够提高应急救助工作的效率。尤其是在灾害救助的关键时刻，借助口哨的帮助，可能及时挽救一条生命。

一些日本中、小学校给学生们免费配置随身携带的防灾用品盒。盒子内有一支口哨、一个微型手电筒、一件保暖防水披肩。日本企业的管理措施，有时通过幼儿园或中、小学校也能感受到。

有些日本企业员工自费购买内藏紧急求助设备的口哨，在纸条上提前写好姓名、血型、常用药及家人联系电话等信息。一旦发生意外可以立即吹口哨向周围求救，采取救护措施。

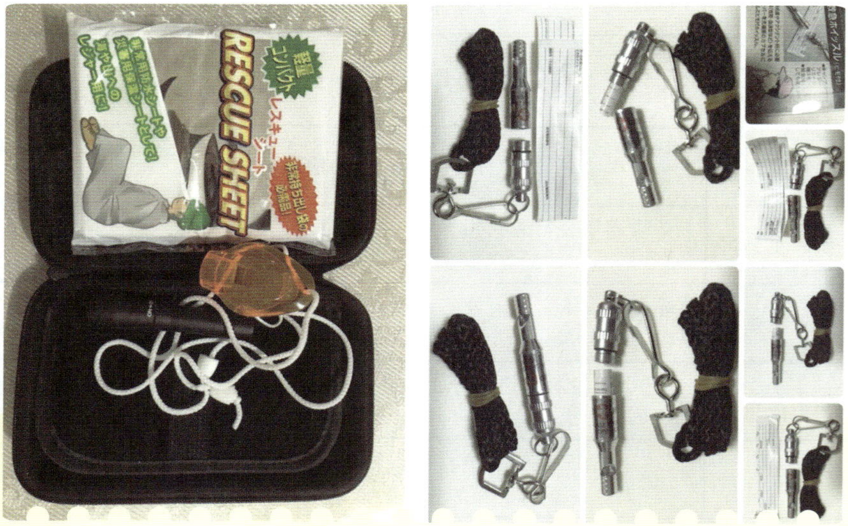

一种可以内藏个人紧急救护信息的口哨样本。

紧急救助背包

除了日常储备的防灾用品外，有些日本企业为了慎重起见，还给每位员工配备了可以随身携带的紧急救助背包。

背包内有《防灾救助手册》、口哨、口罩、手套、手电筒、指南针、毛巾、轻便雨衣、矿泉水、压缩饼干、消毒湿纸巾及一些创伤急救药品。有些日本企业还在背包内存放一张《发生灾害时的临时避难场所地图》。

紧急救助背包在日本的很多超市都可以购买到。

日本政府鼓励每个企业和家庭都定期购置并更新防灾救急用品。

左图：防灾用的紧急救助背包
右图：日本购物中心的防灾用品专柜

紧急联络清单

在发生地震等重大自然灾害后，为了与员工尽快取得联系，很多日本企业制订了《紧急联络清单》，不仅定期更新，也定期使用该清单实施防灾演习。

我归纳整理了一份《紧急联络清单》，作为范例，仅供参考。

紧急联络清单

部门	科室	组织编号	组员 1	组员 2	组员 3	组员 4	组长	部长	社长
XXX	XXX	100001	XX	XX	XX	XX	田中	XX	XX
XXX	XXX	100002	XX	XX	XX	XX	中村	XX	XX
XXX	XXX	100003	XX	XX	XX	XX	村上	XX	XX
XXX	XXX	100004	XX	XX	XX	XX	上林	XX	XX

注意事项如下。

（1）注意保护紧急电话号码等个人信息；

（2）必须严格按照以下顺序：组长→组员 1→组员 2→组员 3→组员 4→组长→部长→社长；

（3）如果有无法联系的组员，可以立即跳过，直接与下一位组员联系；

（4）如果有无法联系的组员，组长必须亲自再次尝试联系；

（5）每位组员必须清晰报告以下信息：目前人身安全状况、所在地域、工作状态。

网络救助系统

企业员工通过手机短信，向防灾救助网络系统报告“安全”之类的答复信息。发生地震等灾害之后，企业能够很快收集到所有员工的人身安全信息。

这些信息对整个国家的灾害救助工作非常有帮助。该网络系统的建设和运营离不开政府防灾部门的支持。1995 年神户大地震发生以后，日本政府专门建立了一套收集灾害信息的网络系统。

该系统可以 24 小时不间断地收集各种灾害数据，自动估算伤亡人数及所需救灾物资数量，并将所有信息自动发送到政府各个部门和相关企业团体。

东京都某区政府在 2012 年 2 月份区报的头版头条，报道了本区内的小学和幼儿园已经开始登录紧急状态时的统一联络系统。

灾害发生后，该网络系统能够在 30 分钟内将初步的灾害统计数据准确地汇报给日本首相。日本首相领导“中央防灾会议”，负责政府层面的灾害救助决策。

“中央防灾会议”的会长由内阁总理大臣亲自担任，主要成员包括政府防灾防汛部门、国土交通部门、日本电讯电话公司、日本广播协会、知名企业协会和银行、红十字会负责人及其他领域的专家学者。他们根据相关统计数据制订防灾计划，审议有关应急事项。

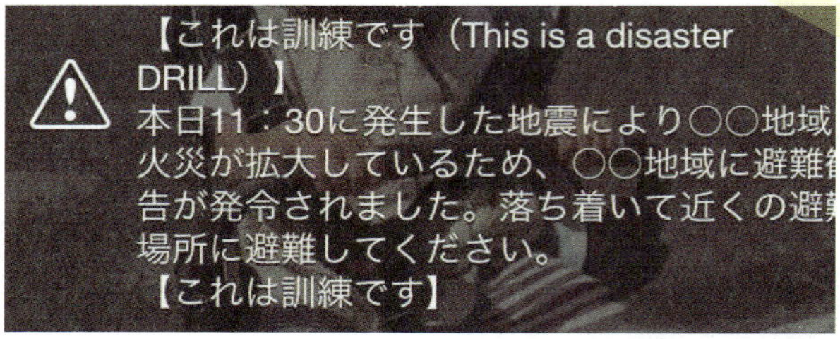

手机屏幕显示的日本全民通讯防灾训练的内容之一。2013 年 11 月的某一天，日本各级政府通过电信公司实施的一种全民防灾演习内容之一。

冰箱保管档案

冰箱具有防火功能，发生地震、火灾时也便于寻找。有些日本企业把冰箱作为储存重要资料的档案库。很多外国企业界人士表示怀疑，但这确实是企业和医疗团体大力推广的一种防灾救助措施。

事先把员工和客户的重要资料，统一存放在冰箱，即使发生重大灾害，只要冰箱在，重要资料就是安全的。

如果一位有过重大疾患的普通市民在家中的冰箱内存放病历和常用药品，当产生紧急医疗救护需求时，可以大大提高救护效率和效果。**利用冰箱保管档案的做法，被越来越多的企业和医疗团体认识并利用。**

设置急救器具

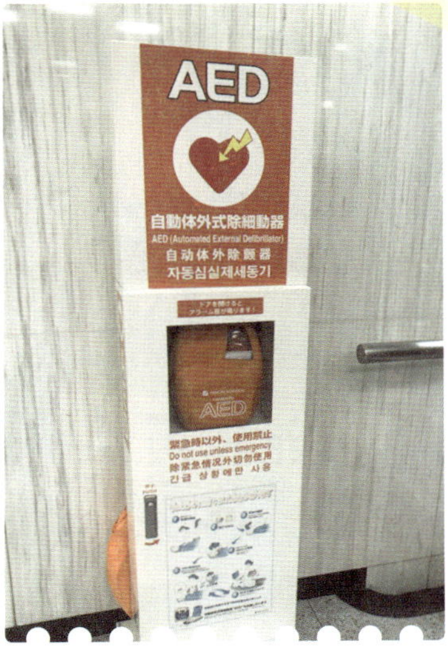

日本各行各业都在重要办公场所或服务大厅里设置了急救器具。

电梯管理措施

发生灾害时，日本各行各业，都禁止使用电梯。若有人被困在电梯里，也不要紧张。大部分电梯管理者已经采取了一些预防措施，可以及时解决或缓解被困人员的困局。

储备物品

在日本企业的电梯里会提前储备紧急物品，发生灾害时可以使用。

远程监控

很多电梯里都实行 24 小时远程监控，发生灾害或故障时，通报系统会自动运行。

储备物品

远程监控

定期检查

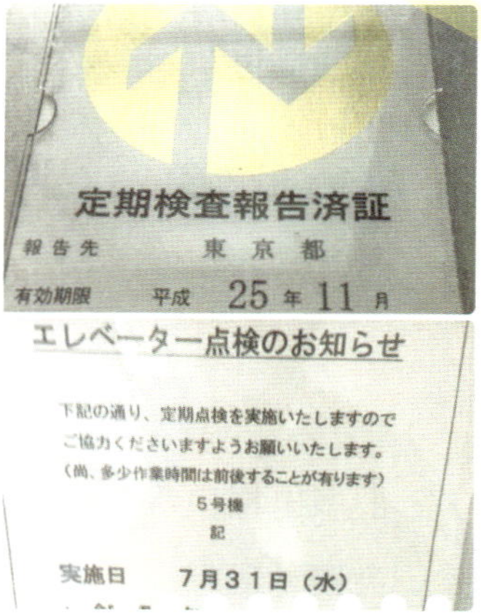

专业电梯检查机构定期检查后，会发放认证证书。

自动感应

如果发生地震，很多电梯会自动探知感应。

存放担架

一些电梯里会提前存放担架，发生灾害时可以使用。

安装镜子

一些电梯里提前安装了避免日常碰撞的镜子，发生灾害时也可以减少恐慌感。

存放担架

安装镜子

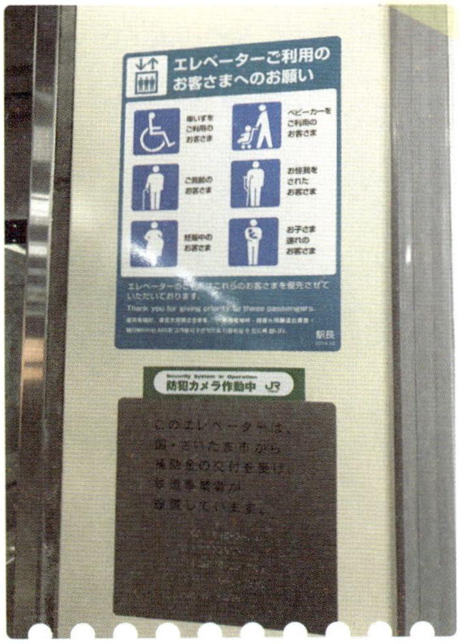

延缓开关

有些电梯里还设计了延缓开关，方便老幼乘客操作，发生灾害时也便于电梯内的急救工作。

接受补贴

有些电梯的修理改造费用，来自

各级政府或财团组织的公益补贴。

电梯管制

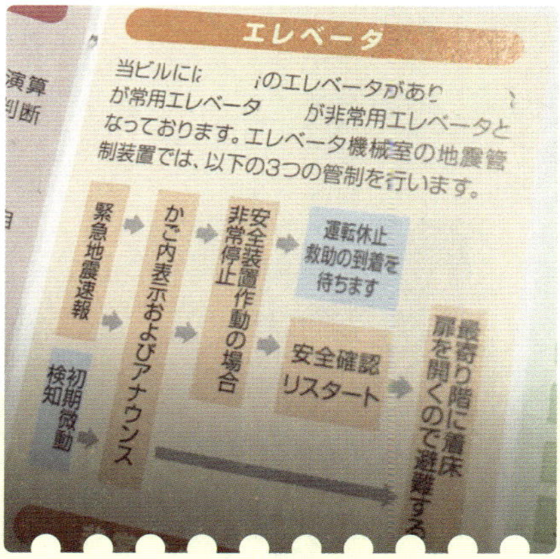

发生灾害后，一些写字楼会立即对电梯实施管制措施，防止二次灾害发生。

有些日本企业在防灾手册上介绍的电梯管制流程。

预先复印受灾清单

有些日本企业在紧急救援背包内复印了几份空白的《受灾情况报告清单》。之所以提前打印备用，是担心发生地震等灾害后，停电导致电脑和打印机无法使用。

一旦发生地震，企业部门、班组可以迅速填写受灾清单，及时把人员伤亡及物品损坏等情况报告给企业防灾协会指挥中心，有利于提高整个企业的救灾效果和效率。

防灾手册

日本防灾手册真有那么详细？

编制防灾救助手册

为了防范灾害，很多日本企业组织专业团队或聘请防灾专家，编制适合员工理解并可以随时翻阅的《防灾救助手册》。

有些企业规定《防灾救助手册》人手一本，必须存放在可随身携带的防灾救急包内，严禁随意放置。还规定除了定期举行防灾演习外，在每年的防灾日，业务部门还必须组织员工认真阅读《防灾救助手册》并讨论。

尽管各个企业对防灾救助的细节描述有所不同，但是对注意事项的讲解基本相同。以下列举一份《防灾救助手册》仅供参考。

（1）发生自然灾害时，应立即关闭电闸和煤气阀，防止火灾发生。很多地震后发生火灾的原因，都是没有及时关掉使用中的电器和煤气阀。

（2）发生自然灾害时，不要使用电梯。发生地震时，电梯可能停在空中，也可能从高层急速掉下，出现各种故障。

（3）发生自然灾害时，如果被关在电梯中，应立即用电梯内的紧急电话与物业管理人员取得联络，同时用电话联络家人。此时要防止消耗体力，不要恐慌，耐心等待救援。（日本的电梯基本都安装了地震感知装置，自动在最近的楼层停靠并开门。）

（4）发生自然灾害时如果正在海边，必须立即往高处奔跑，不要顾及身边财物，地震后海啸可能随时发生，不要急于回到海边。

（5）发生自然灾害时如果正在商场，应遵守商场防灾指挥中心的广播指示，一定要镇静，不要急忙向出口跑去。必须注意从货架上随时可能掉落东西，可以使用购物篮等物品保护头部。

更新防灾救助手册

为了保持《防灾救助手册》的实用性，很多日本企业成立了危机管理委员会，定期修订、更新手册。

以下列举几项具有代表性的更新、修订事项。

（1）2011 年 3 月，日本福岛第一核电站发生核泄漏事件后，很多日本企业立即召开了危机管理会议，根据相关专业机构的建议修订了《防灾救助手册》，着重修改了关于如何防范核辐射的章节。

（2）根据日本政府灾害应急管理机构的有关规定，在日本出售的手机都要安装 GPS 接收器。一旦发生灾害，救援人员能够根据 GPS 接收器追踪到电话持有人的位置。

很多日本企业在《防灾救助手册》中规定，必须给所有外勤人员配备安装有 GPS 接收器的手机，要求外勤人员工作期间必须随身携带。

（3）根据近年来的灾害救援经验，很多日本企业在《防灾救助手册》中追加了一项特别内容，即要求防灾管理部门必须给企业所有员工发放一支口哨。救援经验表明，发生地震或火灾后，虽然被困者在倒塌的废墟内没有体力呼叫，但是只要有一点力气就可以吹口哨求救，救援人员就能及时判断被困者的位置。

（4）日本政府近年来要求有关金融企业增设专门的灾害救助融资、贷款业务，帮助企业强化防灾救助措施。有些日本企业在《防灾救助手册》中增加了有效利用灾害救助融资、贷款的章节，强调应根据本企业的实际资金状况，适当利用低息贷款合理购置防灾救护设施。

（5）根据近年来的暴雨水灾救助经验，有些日本企业在《防灾救助手册》中明确规定，发生水灾或暴雨时禁穿高筒雨靴。高筒雨靴浸水后，使人行走不便，影响救灾工作。

免费赠送防灾手册

日本的一些通信公司为了让顾客更好地防范地震等灾害，免费赠送给服务区内的顾客一本防灾手册。

行业协会防灾手册

日本的一些行业协会为了支持行业内企业成员更好地防范灾害，编写了行业专用的防灾手册，并且指导会员企业实施各种防灾措施。

左图：日本货车协会在其官网上对外公布的，该行业专用的“防灾手册”。

右图：日常备置防灾救灾用品的出租车。这是日本某地区的出租车协会，在防灾手册上指导会员在出租车上实施的具体防灾措施。

防灾公园综合手册

日本东京公园协会目前管理着 90 多处防灾公园；为了向社会各界宣传防灾公园的作用和使用方法，专门编写了《防灾公园综合手册》。

该协会在其官网上公布的《防灾公园综合手册》。

保护宠物防灾手册

在日本，一些地方政府免费向市民发放含有保护宠物内容的防灾手册。其中不仅包含日常的防灾措施，还编写了对宠物的救助方法等知识。

免费发放防灾手册

东京都政府为了让市民更好地防范地震等灾害，组织专家编制了一本防灾手册，从 2015 年 9 月 1 日起已经陆续发放给了各个家庭。该手册的内容包括：地震救灾演习、灾后生存技巧、防灾方法、应急措施、应急清单及防灾知识等。

《东京防灾》的日文版本（也有中文版与英文版）。

这本《东京防灾》充分考虑了东京的地域特性、地理环境及居民日常生活方式，总结了日常防灾的注意事项以及发生灾害时自我救助的措施，内容简单易懂。

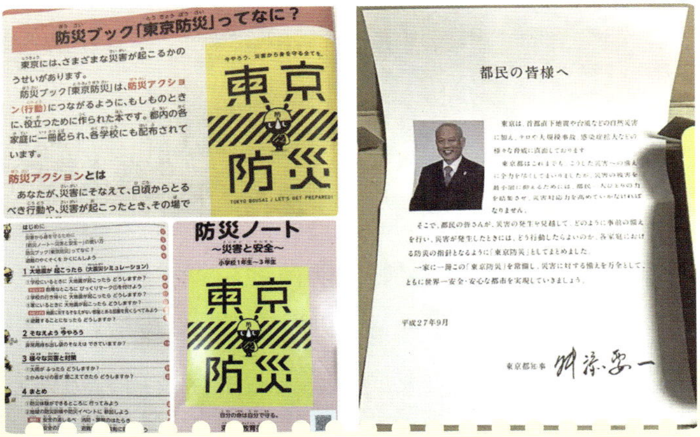

左图：东京教育委员会在防灾手册里，特别介绍了东京都政府已经把“东京防灾”手册，免费发放给了东京都内的各个中、小学校。这本防灾手册被翻译成中、英文等多国语言，供在日外国人阅读使用。

右图：《东京防灾》内还附有一张东京知事致市民的一封信，提醒市民日常注意防灾，提高防灾意识。

政府开设防灾网站

日本内阁府为了支持、援助企业、团体、市民更好地防范地震等灾害，专门开设了一个官方网站，向社会各界积极宣传防灾知识、防灾经验和防灾手册。

政府编写防灾白皮书

在日本内阁府开设的防灾官方网站上可以查阅到，每年内阁府组织专家团队编写的《防灾白皮书》，这是一本信息比较全面的全民防灾手册。

左图：日本政府内阁府开设的防灾信息官方网站，有日文版也有英文版。

右图：防灾白皮书。

防灾用品

日本企业如何管理防灾用品?

防灾用品储备

很多日本企业在仓库或各个业务部门日常备有食品、饮用水、药品等防灾用品。《东京都归宅困难者对策条例》（从2013年4月起实施）作为大规模灾害发生时的紧急应对措施，规定东京都内的企、事业单位日常应储备饮用水、食物等防灾用品，至少满足每位员工3天的生活需求。

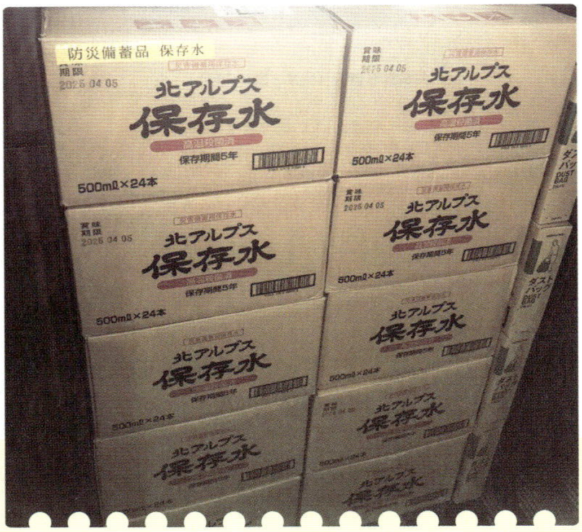

日本企业日常储备的防灾用品宣传展示。

防灾用品补贴

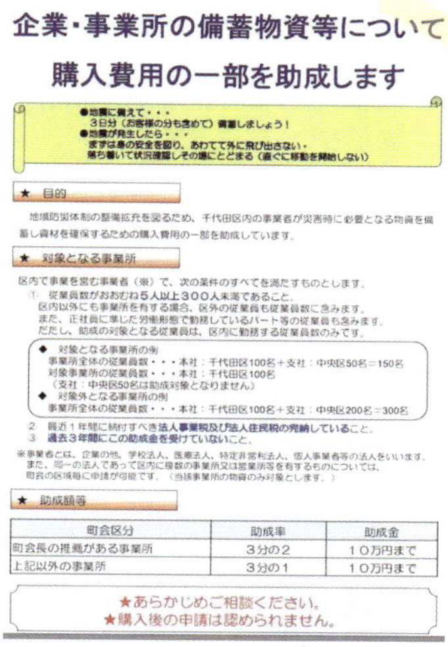

企業・事業所の備蓄物資等について
購入費用の一部を助成します

●地震に備えて・・・
3日分（お客様の分も含めて）備蓄しましょう！
●地震が発生したら・・・
まずは身の安全を図り、あわてて外に飛び出さない・
落ち着いて状況確認しその場にとどまる（直ぐに移動を開始しない）

★ 目的

地域防災体制の整備拡充を図るため、千代田区内の事業者が災害時に必要となる物資を備蓄し資材を確保するための購入費用の一部を助成しています。

★ 対象となる事業所

区内で事業を営む事業者（※）で、次の条件のすべてを満たすものとします。
① 従業員数がおおむね5人以上300人未満であること。
区内以外にも事業所を有する場合、区外の従業員も従業員数に含みます。
また、正社員に準じた労働形態で勤務しているパート等の従業員も含みます。
ただし、助成の対象となる従業員は、区内に勤務する従業員数のみです。

◆ 対象となる事業所の例
事業所全体の従業員数・・・本社：千代田区100名＋支社：中央区50名＝150名
対象事業所の従業員数・・・本社：千代田区100名
（支社：中央区50名は助成対象となりません）
◆ 対象外となる事業所の例
事業所全体の従業員数・・・本社：千代田区100名＋支社：中央区200名＝300名

② 最近1年間に納付すべき法人事業税及び法人住民税の完納していること。
③ 過去3年間にこの助成金を受けていないこと。

※事業者とは、企業の他、学校法人、医療法人、特定非営利法人、個人事業者等の法人をいいます。
また、同一の法人であって区内に複数の事業所又は営業所等を有するものについては、町会の区域毎に申請が可能です。（当該事業所の物資のみ対象とします。）

★ 助成額等

町会区分	助成率	助成金
町会長の推薦がある事業所	3分の2	10万円まで
上記以外の事業所	3分の1	10万円まで

★あらかじめご相談ください。
★購入後の申請は認められません。

日本一些地方政府每年都向辖区内的企业提供防灾用品补贴资金。

东京某区政府在辖区内对外公开募集申请防灾用品补贴资金的企业。该区政府主要募集中小企业，募集条件之一是申请企业的员工人数在 5 ～ 300 之间。该区政府向申请企业支付的防灾用品补贴资金是该企业实际防灾用品支出的三分之一至三分之二，最多不超过 10 万日元。

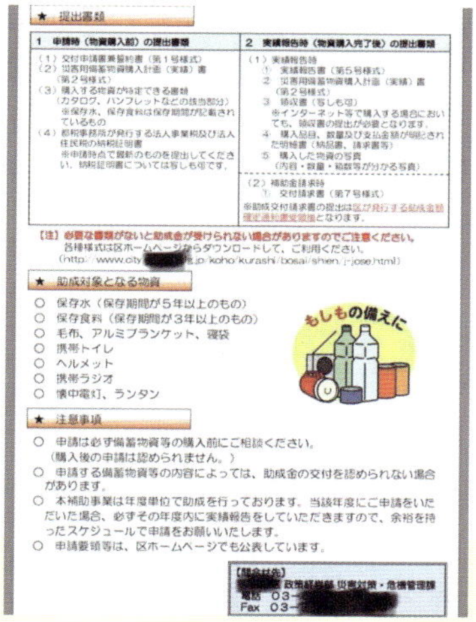

★ 提出書類

1 申請時（物資購入前）の提出書類	2 実績報告時（物資購入完了後）の提出書類
（1）交付申請書兼誓約書（第1号様式） （2）災害用備蓄物資購入計画（実績）書（第2号様式） （3）購入する物資が特定できる書類（カタログ、パンフレットなどの該当部分） ※保存水、保存食料は保存期間が記載されているもの （4）都税事務所が発行する法人事業税及び法人住民税の納税証明書 ※申請時点で最新のものを提出してください。納税証明書については写しも可です。	（1）実績報告時 ① 実績報告書（第5号様式） ② 災害用備蓄物資購入計画（実績）書（第2号様式） ③ 領収書（写しも可） ※インターネット等で購入する場合においても、領収書の提出が必要となります。 ④ 購入品目、数量及び支払金額が明記された明細書（納品書、請求書等） ⑤ 購入した物資の写真（内容・数量・箱数等が分かる写真） （2）補助金請求時 ① 交付請求書（第7号様式） ※助成交付請求書の提出は区が発行する助成金額確定通知書受領後となります。

【注】必要な書類がないと助成金が受けられない場合がありますのでご注意ください。
各種様式は区ホームページからダウンロードして、ご利用ください。
（http://www.city[redacted].jp/koho/kurashi/bosai/shien/j-jose.html）

★ 助成対象となる物資

○ 保存水（保存期間が5年以上のもの）
○ 保存食料（保存期間が3年以上のもの）
○ 毛布、アルミブランケット、寝袋
○ 携帯トイレ
○ ヘルメット
○ 携帯ラジオ
○ 懐中電灯、ランタン

★ 注意事項

○ 申請は必ず備蓄物資等の購入前にご相談ください。（購入後の申請は認められません。）
○ 申請する備蓄物資等の内容によっては、助成金の交付を認められない場合があります。
○ 本補助事業は年度単位で助成を行っております。当該年度にご申請をいただいた場合、必ずその年度内に実績報告をしていただきますので、余裕を持ったスケジュールで申請をお願いいたします。
○ 申請要領等は、区ホームページでも公表しています。

【問合せ先】
[redacted]政策経営部 災害対策・危機管理課
電話 03-[redacted]
Fax 03-[redacted]

东京某区政府在宣传海报上公告的防灾用品补贴金的支付对象范围，主要是以饮用水、食品、毛毯等日用品为主。

防灾食品品尝

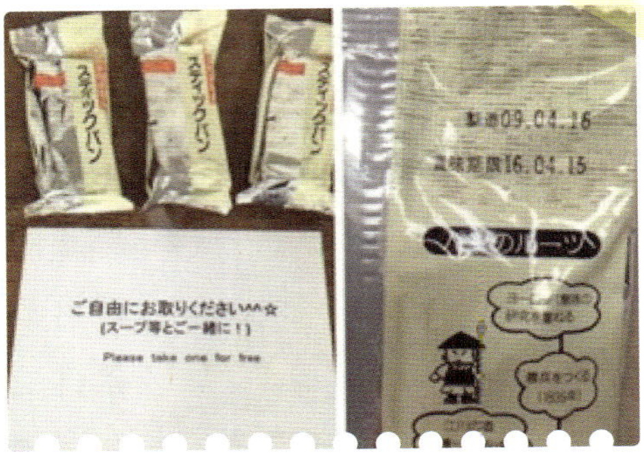

有些日本企业内部定期举办“防灾食品品尝会”之类的员工聚会，宣传防灾知识。我曾经品尝过日本企业防灾储备的饼干，真空包装外观一般都防湿防潮，饼干味道很不错。

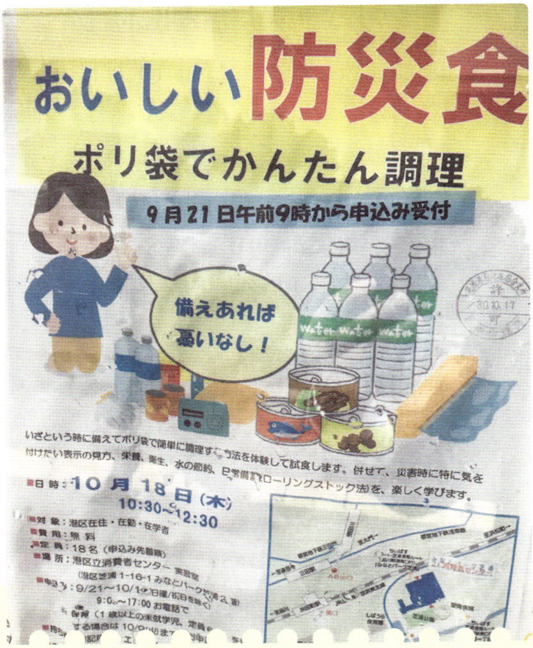

东京某区的防灾食品免费品尝会的海报。

防灾用品清单

我整理归纳了一份《防灾用品清单》，仅供参考。

防灾用品清单

No.	防灾用品（按 10 人一组计算）	储存数量	备注
1	防灾地图	1 张	防水材料制作的地图
2	防寒毛毯	X 条	定期打扫晾晒
3	野外帐篷	1 顶	定期打扫晾晒
4	急救担架	1 个	定期打扫晾晒
5	手动充电式手电筒	X 个	定期检查开关
6	防毒口罩	X 个	确保每人 1 个
7	一次性防尘口罩	2 箱	确保每人 5 个
8	雨衣	10 件	确保每人 1 件
9	医药箱	1 个	定期检查药品的保质期
10	急救包	10 个	确保每人 1 个
11	大瓶矿泉水	X 箱	确保每人 10 瓶
12	饼干	X 箱	确保每人 10 包
13	罐头	X 箱	确保每人 3 个
14	作业手套	X 副	确保每人 1 副
15	清洁毛巾	X 根	确保每人 1 条
16	安全帽	10 个	放在办公桌中间内侧
17	一次性大便袋	X 箱	确保每人 3 个
18	简易厕所	1 个	定期检查打扫
19	铁锹	X 把	定期检查打扫
20	其他用品	未定	月度防灾会议临时决定

注意事项：每月第一个工作日检查各项防灾用品的使用情况，并与清单核对数量是否一致。

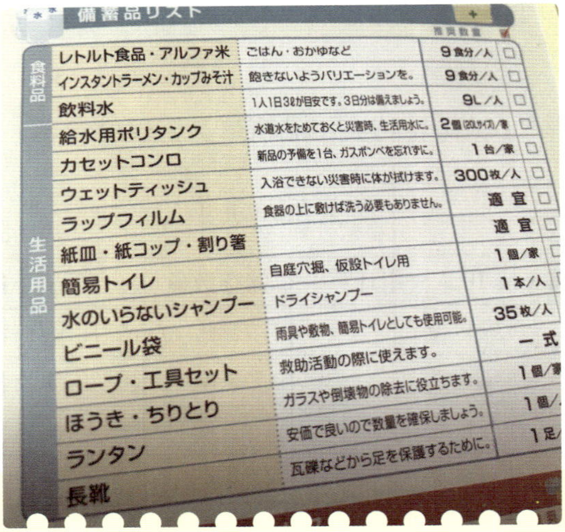

備蓄品リスト

			推奨数量
食料品	レトルト食品・アルファ米	ごはん・おかゆなど	9食分/人
	インスタントラーメン・カップみそ汁	飽きないようバリエーションを。	9食分/人
	飲料水	1人1日3ℓが目安です。3日分は備えましょう。	9L/人
生活用品	給水用ポリタンク	水道水をためておくと災害時、生活用水に。	2個(20Lサイズ)/家
	カセットコンロ	新品の予備を1台、ガスボンベを忘れずに。	1台/家
	ウェットティッシュ	入浴できない災害時に体が拭けます。	300枚/人
	ラップフィルム	食器の上に敷けば洗う必要もありません。	適宜
	紙皿・紙コップ・割り箸		適宜
	簡易トイレ	自庭穴掘、仮設トイレ用	1個/家
	水のいらないシャンプー	ドライシャンプー	1本/人
	ビニール袋	雨具や敷物、簡易トイレとしても使用可能。	35枚/人
	ロープ・工具セット	救助活動の際に使えます。	一式
	ほうき・ちりとり	ガラスや倒壊物の除去に役立ちます。	1個/家
	ランタン	安価で良いので数量を確保しましょう。	1個/
	長靴	瓦礫などから足を保護するために。	1足/

企业宣传的家用防灾储备用品清单。

促销防灾礼物

有些日本企业在做营销活动时会把防灾用品作为礼物赠送给新顾客。这种全民防灾意识值得称赞。

有些日本报社的广告上承诺赠送给新顾客防灾礼物，其中包括防灾食品和用品，新顾客可以任意选择。

赠送防灾礼物

日本人送礼时，有时候会赠送哨子与应急手电筒等防灾用品。这反映了一种全民防灾意识，也反映了日本人在赠送礼物时注重经济实用，值得称赞和借鉴。

指定存放位置

很多日本企业的防灾储备用品都存放在指定位置。有些企业规定安全帽必须存放在防灾救急包内；也有的企业规定放在办公桌下的中间内侧。

每个企业都居安思危，在反复研究、演习后，统一防灾用品的具体存放位置。

一旦灾害来临，每位员工都能从指定位置迅速获取防灾用品。即便是停电或所有电器被临时关闭，员工也能不慌且尽快地自行救助。

防灾用品存放位置的细节管理，是每一个负责的企业在工作中应当关注的重要事项。

简易仓库门窗

有些日本企业特意选择材质并不坚硬的板材制作防灾仓库的门窗。这是为了在紧急时刻可以直接踹开门窗，以便迅速获取防灾用品。

还有一些日本企业防灾仓库安装的是推拉门。在地震发生时，这种推拉门不容易损坏，不会因为剧烈晃动而导致难以拉开。

推拉门式的防灾仓库。

类似这些细节是日本企业积累防灾经验的成果，也是精细化经营管理方式的具体展现，值得中国企业研究和借鉴。

防灾演习

日本企业如何进行防灾演习?

紧急回家演习

很多企业员工都在离家较远的地方上班，一旦发生地震等灾害，可能会中断交通，导致他们一时无法回家。

日本企业每年都定期举行演习，模拟大规模灾害发生后，指导员工如何安全、及时回家。

紧急回家演习的方式多种多样。有的企业要求所有员工根据地图信息预先查好回家路线后尝试自己走回家。

也有企业假设市区的重要交通要道（例如桥梁隧道）在震后无法通行，要求同住某一区域的员工组成团队，尝试寻找新的路线回家。

紧急回家演习被日本企业作为一项新职员的培训课程予以特别重视。有的企业规定新员工在培训期内的某一天午餐后从公司步行回家，次日必须把步行回家的经历与感想讲给其他培训员工听，培训结束后还要写成总结报告，汇报给培训讲师。

针对管辖区灾民在震后无法回家的课题，日本地方政府联合本地重点企业及民间团体，共同成立了“归宅困难者支援设施运营协会”以民间主导、政府协助的方式，解决灾后员工归宅困难的问题。

最近几年，东京很多料理店、便利店和地铁站积极宣传并自愿成为救灾抢险的援助据点，协助市民灾后回家。

日本东京周边地区的便利店、快餐店、加油站等入口处的“步行回家援助据点”标识，发生灾害时，此处可提供给广大市民及安全回家所需的免费厕所、饮用水、灾情信息等援助服务。

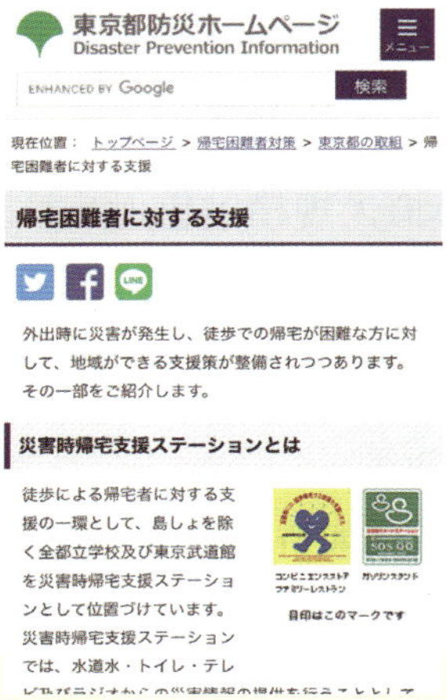

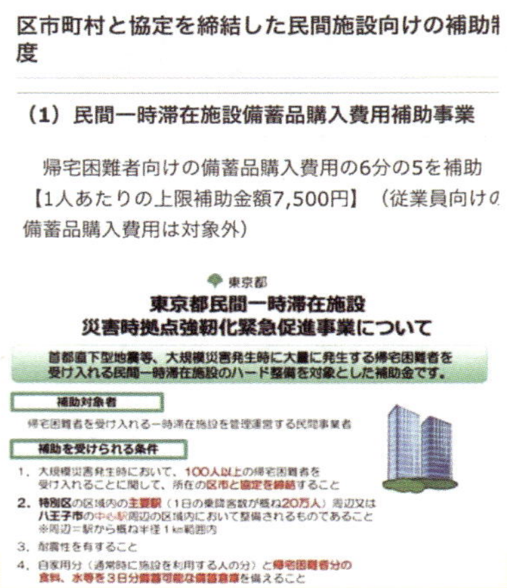

左图：东京政府在官网上公布的“发生灾害时支援归宅困难者合作协议”的简要内容。

右图：东京政府在官网上公布的，向签订“发生灾害时支援归宅困难者合作协议”的企业发放补助金的标准和条件说明。

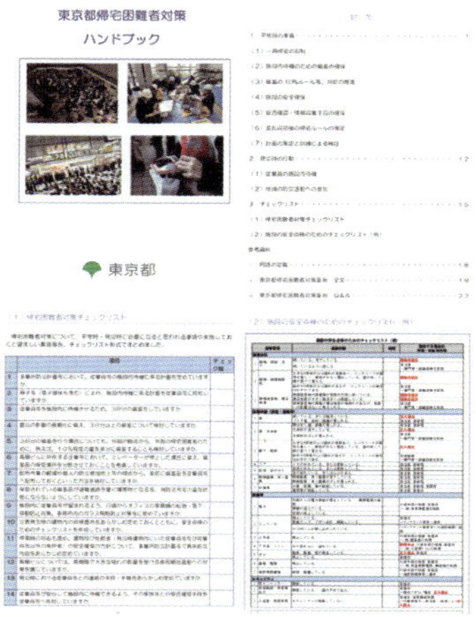

东京政府在官网上公布的《东京归宅困难者对策》手册。东京政府把这本手册免费发放给一些东京内的企业。

紧急避难演习

很多日本企业把灾害后如何移动员工到公司安全区域及临时避难场所作为重要演练内容。根据《东京都归宅困难者对策条例》规定，当大规模灾害发生时，所有企、事业单位应劝阻员工不要急于回家，在确定安全的基础上暂时滞留在内部安全区域。

日本企业的防灾手册内一般备有一张发生灾害时的临时避难场所地图，标明了企业所在地区的临时避难场所的具体位置。避难场所由日本政府统一规划，并由当地政府联合红十字会和本地重点企业共同建设运营。有的设在学校、医院；有的设在运动场馆及绿地公园等公共设施；也有的设在企业安全场所。

一些日本企业还根据灾害的类型和阶段定期开展一系列关于紧急避难演习的讲座，包括企业防灾避难历史讲座、地震体验讲座、灾后紧急救护讲座、灾后紧急逃离讲座、防灾用品操作讲座、灾后紧急归宅讲座、毒气泄漏或核灾后的紧急避难演练讲座等等。

全国防灾演习

为了纪念 1923 年 9 月 1 日发生的关东大地震，日本政府把每年 9 月 1 日定为全国的“防灾日”。这一天，很多日本企、事业单位的防灾指挥中心会举行多种防灾演习。

日本政府把每年的 8 月 30 日到 9 月 5 日定为全国“防灾训练周”。各级政府的防灾管理部门会在 9 月初组织辖区内的市民和企业实施综合性防震训练和地域防灾演习。

演习现场除了防灾、救灾等实际操练外，还有模拟地震后发生火灾时的逃生演练（把毛巾弄湿，用湿毛巾捂住嘴巴和鼻孔，匍匐前进或低腰速跑，从灾区逃生）。

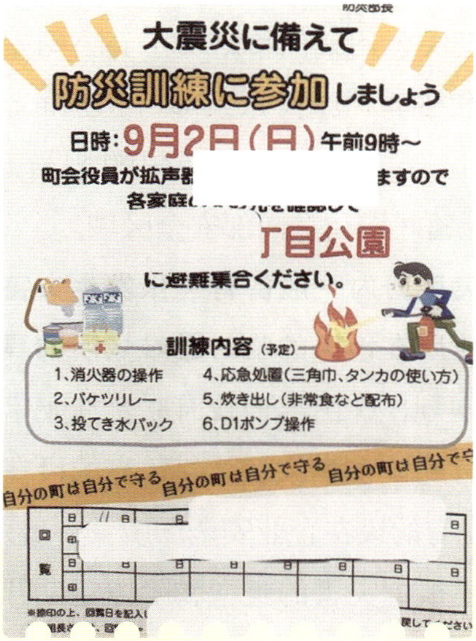

东京都内的一些街区自治会组织的防灾演习通知，单独通知到街区内的每家每户。

东京某写字楼内的防灾演习宣传海报。重点宣传的是：防灾训练，定期实施；防灾用品，定期展示。

每年 9 月 1 日是大、中、小学后半学期的开学日。这一天，全国各地的学校都开展防灾、救灾学习活动。

每年秋季，很多学校组织学生到当地消防队观看灭火救人演习，学习防火、防灾常识，开展各种急救体验活动。

夜间避难演习

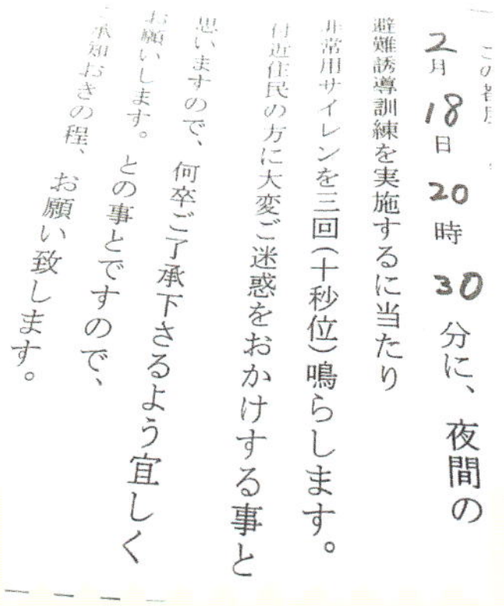
2月18日20時30分に、夜間の
避難誘導訓練を実施するに当たり
非常用サイレンを三回(十秒位)鳴らします。
付近住民の方に大変ご迷惑をおかけする事と
思いますので、何卒ご了承下さるよう宜しく
お願いします。との事とですので、
承知おきの程、お願い致します。

作为一种应急预案，仍有一些社会组织在定期实施夜间避难演习。夜间突然拉响防灾警报，很容易影响附近市民的夜间休息，这些社会组织会在实施演习的数日前书面通知附近居民和企业。

一份演习的书面通知。

防灾体系
日本企业在灾难中做了什么?

紧急避难场所

近年来，日本各级政府与企业签订了一些防灾合作协议。协议把企业内部坚固的建筑物作为灾害发生时可以征用的避难场所。地方政府还定期对外公布与企业签订的防灾合作协议内容。

有些企业积极在店铺或厂区门口张贴标识，宣传本企业是发生灾害时可以提供援助的据点。以下图片是企业据点的宣传标识，仅供参考。

有些日本地方政府（例如东京中央区）也在城市规划条例中明确规定，开发 3000 平方米以上面积的地产项目时，在开发阶段必须设计、规划临时避难场所及防灾储备仓库。

东京内的一些避难场所标牌。

有的日本地方政府把每一个地铁站和公园都作为临时避难场所，不仅储备了可供数万人生存 3 天的防灾食品，还预备了可移动式简易厕所。

一旦发生地震、海啸、洪水等灾害时，市民可以根据当地政府日常制定的紧急避难预案及时逃到指定的避难场所。在临时避难场所的入口处，除了可以看到“指定避难场所”的标牌和联系电话外，还可以阅读临时避难的注意事项。

很多日本企业组建了消防队和救灾志愿者团队，协助当地政府和红十字会管理临时避难场所。

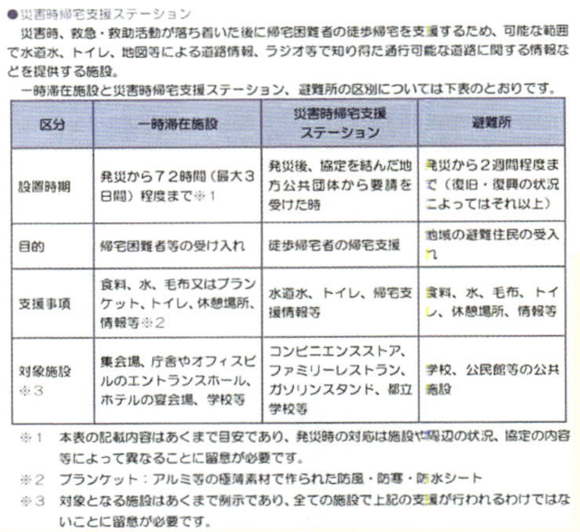

●災害時帰宅支援ステーション

災害時、救急・救助活動が落ち着いた後に帰宅困難者の徒歩帰宅を支援するため、可能な範囲で水道水、トイレ、地図等による道路情報、ラジオ等で知り得た通行可能な道路に関する情報などを提供する施設。

一時滞在施設と災害時帰宅支援ステーション、避難所の区別については下表のとおりです。

区分	一時滞在施設	災害時帰宅支援ステーション	避難所
設置時期	発災から72時間（最大3日間）程度まで※1	発災後、協定を結んだ地方公共団体から要請を受けた時	発災から2週間程度まで（復旧・復興の状況によってはそれ以上）
目的	帰宅困難者等の受け入れ	徒歩帰宅者の帰宅支援	地域の避難住民の受入れ
支援事項	食料、水、毛布又はブランケット、トイレ、休憩場所、情報等※2	水道水、トイレ、帰宅支援情報等	食料、水、毛布、トイレ、休憩場所、情報等
対象施設※3	集会場、庁舎やオフィスビルのエントランスホール、ホテルの宴会場、学校等	コンビニエンスストア、ファミリーレストラン、ガソリンスタンド、都立学校等	学校、公民館等の公共施設

※1　本表の記載内容はあくまで目安であり、発災時の対応は施設や周辺の状況、協定の内容等によって異なることに留意が必要です。

※2　ブランケット：アルミ等の極薄素材で作られた防風・防寒・防水シート

※3　対象となる施設はあくまで例示であり、全ての施設で上記の支援が行われるわけではないことに留意が必要です。

日本东京政府在《东京都归宅困难者对策》手册里归纳总结的避难设施一览表。

日本内阁府于2016年组织专家编写了一整套《避难所运营指南》，系统地讲解了避难所的日常运营及灾后运营的管理程序。

为了便于统一管理避难场所，日本内阁府指导工业标准调查会等机构，制定了一整套《避难所统一标准标识》。

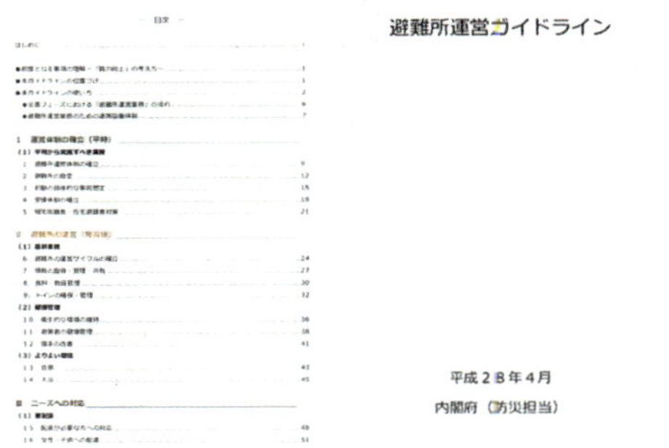

目次

避難所運営ガイドライン

平成28年4月

内閣府（防災担当）

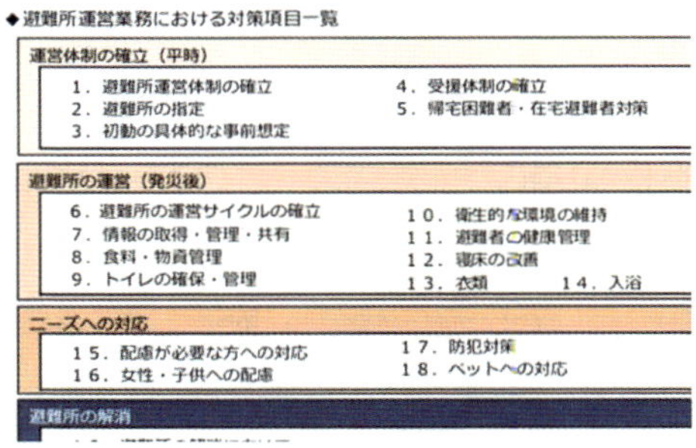

◆避難所運営業務における対策項目一覧

運営体制の確立（平時）

1．避難所運営体制の確立
2．避難所の指定
3．初動の具体的な事前想定
4．受援体制の確立
5．帰宅困難者・在宅避難者対策

避難所の運営（発災後）

6．避難所の運営サイクルの確立
7．情報の取得・管理・共有
8．食料・物資管理
9．トイレの確保・管理
10．衛生的な環境の維持
11．避難者の健康管理
12．寝床の改善
13．衣類
14．入浴

ニーズへの対応

15．配慮が必要な方への対応
16．女性・子供への配慮
17．防犯対策
18．ペットへの対応

避難所の解消

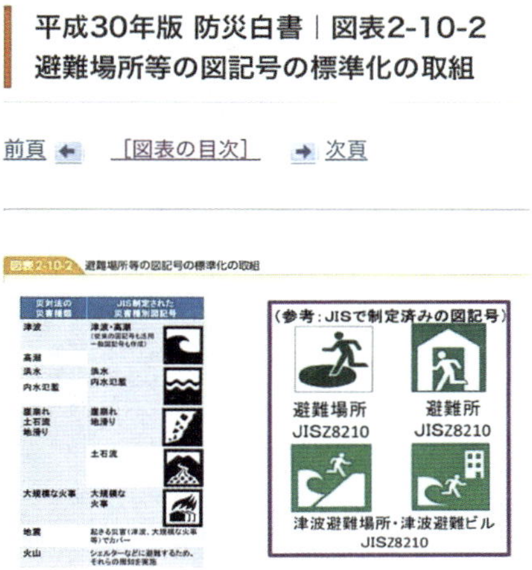

日本政府内阁府在 2018 年版《防灾白书》里整理汇总的避难场所标识汇总表。

根据日本《大规模地震对策特别措施法》等法律规定，医院、百货商场、旅馆和剧院等人员聚集的场所，以及从事石油、高压气、火药等业务的企业，铁路等运输企业，必须制订《地震防灾应急计划》，确保地震后，能够提供紧急避难通道和避难场所。

发生灾害时，身置设有临时避难场所的公共场所和企业，可能比在家安全。

有的临时避难场所制订了很有特色的紧急救援预案：地震等灾害发生后，救援人员应及时把备用污水井的盖子打开，在井盖上竖一块木板，污水井就被改造成简易公共厕所。

有的临时避难场所设置了母婴哺乳场所及残疾人专用避难通道等设施。有的建造了储备防灾用品的仓库，还建造了耐震型应急供水槽。

这些耐震型应急供水槽是用特制铅金属制作的，不用钢铁是为了防止地震时供水槽发生断裂。日本政府在新建或改造公园时，在草坪下面也建造了耐震型应急供水槽，日常储备可供数万人饮用3天的饮用水。

在日本一些防灾公园内，随处可见供市民饮用自来水的水龙头。很多水龙头是与耐震型应急供水槽直接连接的。东京市一些高档写字楼附近的公园也作为市政配套设施建造了耐震型应急供水槽。

日本的自来水公司与地方政府积极合作，向市民宣传耐震型应急供水槽的示意图。

防灾救援协议

日本饮料企业在公园内设置自动贩卖机，平日里销售饮料，发生灾害时，根据事先与当地政府鉴定的防灾救援协议，企业承诺自动售货机会免费供应饮料。

这种积极提供协助的细节服务措施，会大大方便政府的救灾工作。事先签订防灾协议是灾害发生时企业积极承担社会责任的一种具体表现。

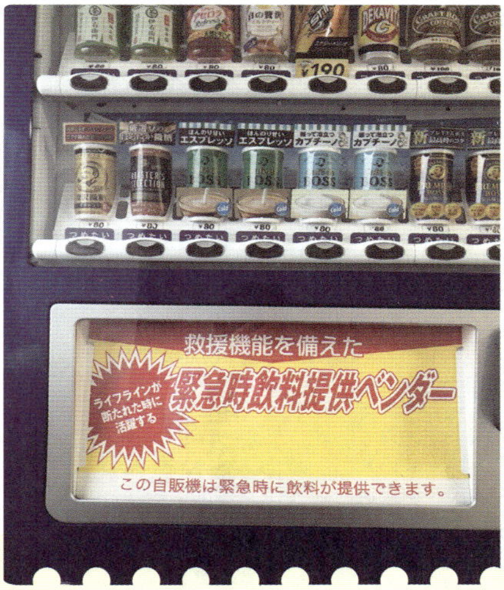

防灾救援协议。

机器地理位置。

机器地理位置

日本一些自动售货机的机身上标注了放置的详细地址，也备注了自动售货机管理编号和管理公司的客服电话。市民遇到紧急情况需要报警时，只要找到周围的自动贩卖机，就可以立即知道所处的具体地址。没有熟人可以联系的话，直接拨打自动售货机管理公司的客服电话也是一种紧急求助方式。

防灾指挥中心

很多日本企业总部内都有固定的防灾指挥中心。指挥中心设置在办公大楼的地下室或企业仓库，一般由企业最高管理者负责指挥，是日本政企联合防灾体系的重要组成部分。

防灾指挥中心的值班电话及监控视频24小时全天候连接多条线路，随时可以与当地政府的防灾指挥机构紧急通话。日本政府开发了防灾、抗灾时可以紧急使用的电话语音留言系统及网站留言系统，还推动各地政府建设防灾指挥中心和防灾宣传场馆。

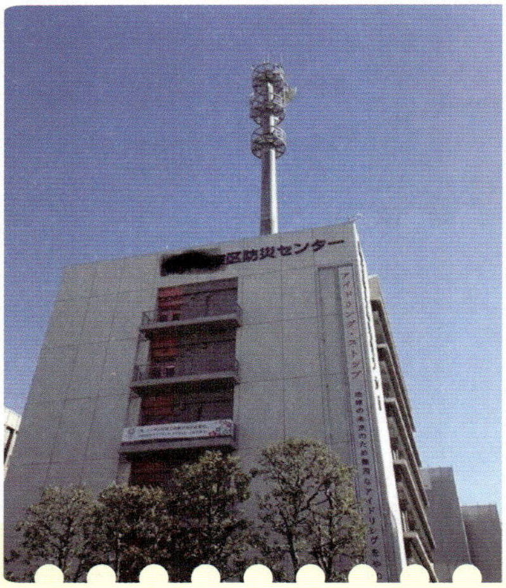

左图：日本东京某区政府的防灾指挥中心。

右图：东京地区防灾馆的宣传海报，市民可以免费参观防灾馆，也可以免费体验一些地震场景或试用防灾用品器具。

防灾广播系统

日本的一些街区至今仍然被完整保存并使用的广播系统。

很多日本企业至今仍然存在内部广播系统。该系统与各级政府的防灾广播系统构成了企业完整的广播体系。在应急管理方面，这种传统广播的作用依然不可忽视，它不受网络限制，也不受停电影响。听众无需任何设备，便可以实时收听播报音讯，方便快捷。

都市智能站点

为了提高城市的防灾能力，日本东京政府从 2018 年 3 月开始实施《东京都去电线杆化计划》。为配合计划同时在核心区域内建设都市智能站点，在配电设备上增加了城市防灾功能。

灾后免费网络

发生重大灾害时，市民可以立即使用手机 Wi-Fi 列表中的"00000JAPAN"，这是日本电信公司在灾害时向全社会开放的免费 Wi-Fi，可以通过它向家人报平安、汇报位置以及获得相关的灾情救援信息。

灾后免费电话

发生重大灾害时，各大通信公司都会按照应急预案，开通所有灾区内的公共电话供人免费使用。2011 年，我在东京遭遇大地震时，通过街上的公用电话给在中国的亲人报了平安。当时公共电话亭旁边有很多人排队，每个人简短汇报后就自觉放下电话让他人使用。

急救训练讲座

一些日本企业每年定期聘请专业讲师，在当地消防队协助下举办几场急救训练讲座。

日本企业员工除了参加企业内部的急救讲座，也参加居住社区举办的急救讲座。社区举办的讲座面向所有普通市民。

救助人员清单

有些日本地方政府的防灾救灾部门，提前制定一份避难救助人员清单，在没有发生灾害的时候，针对这些人员进行各种防灾辅导，资助安装防灾器具。

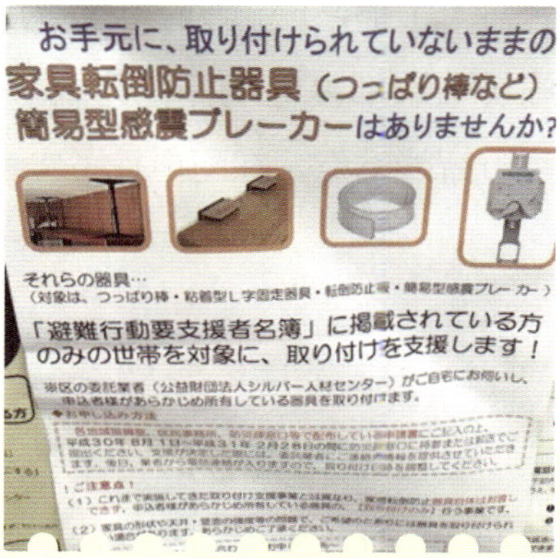

东京某区政府向避难救助人员提供协助安装防灾器具的通知。

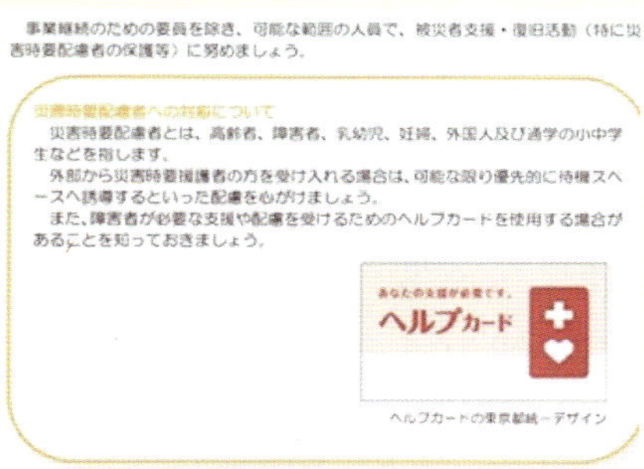
事業継続のための要員を除き、可能な範囲の人員で、被災者支援・復旧活動（特に災害時要配慮者の保護等）に努めましょう。

災害時要配慮者への対応について

災害時要配慮者とは、高齢者、障害者、乳幼児、妊婦、外国人及び通学の小中学生などを指します。

外部から災害時要援護者の方を受け入れる場合は、可能な限り優先的に待機スペースへ誘導するといった配慮を心がけましょう。

また、障害者が必要な支援や配慮を受けるためのヘルプカードを使用する場合があることを知っておきましょう。

あなたの支援が必要です。
ヘルプカード

ヘルプカードの東京都統一デザイン

东京政府统一设计、发放的“需要特殊救助人员标识”，这些人员包括老年人、身体行动不便者（备注：日本人原则上不使用“残疾人”这种被认为带有歧视性的称呼）、婴幼儿、孕妇、外国人以及上学的中小学生等特殊群体。

招募救灾义工

很多日本企业积极协助消防部门组建救灾义工团队。很多企业员工也是居住街区的义务消防员，不定期在节假日参加一些基本救灾训练，以备发生灾害时参与救助活动。

东京消防厅的招募救灾义工宣传海报。

持续经营管理

很多日本企业制订了详细的持续经营计划（BCP：Business Continuity Plan），还聘请专家指导实施持续经营管理（BCM：Business Continuity Management）。

持续经营管理方案一般由企业最高管理者直接参与制订，是日本政企联合防灾体系的重要组成部分。很多日本企业把重视 BCM 作为重要的企业文化组成部分，具体反映在企业员工业务培训和企业防灾教育体系中。

政府为了支持各行业尽快实施完善的持续经营管理方案，成立了非政府组织的 BCM 认证机构。很多日本企业通过专业咨询机构的指导以及 BCM 认证机构的考核，发现并解决了一些实施持续经营计划过程中存在的问题，逐步制订了一整套比较严谨科学的持续经营管理方案。

面临灾害危机时，可以按照事先制订的持续经营管理方案迅速恢复正常生产经营活动，提高了企业应对灾害危机的实战能力。

日本内阁府在其官网上发布了《持续经营指南》，从国家层面全面指导各行业做好预防灾害的持续经营工作。

增加免震建筑

大多数日本建筑物以防震耐震设计为主，但是最近几年在东京已经随处可见免震设计的建筑物了。免震建筑的地基是活动的，不同于地基固定的防震耐震设计。

这种免震设计比较常见于日本医院和高级写字楼，东京地区很多高级公寓也采用了这种免震设计。

消防救护一体

日本防灾救护体系的特点是把救护车和消防车统一进行调度指挥，这是为了在急救时打不开房门或发生灾害时出现伤员的情况下，可以立即进行救护。

日本大多数城市都向市民发表“7 分钟宣言”，即救护车和消防车会在 7 分钟以内赶到。但是随着日本社会老龄化加深，“7 分钟宣言”似乎越来越难以实现。

东京消防厅消防团队在接到 119 通报电话后，从出发到到达目的地所需的时间呈延长趋势，2009 年平均是 6 分 18 秒，2011 年是 7 分 10 秒，2013 年是 7 分 54 秒。

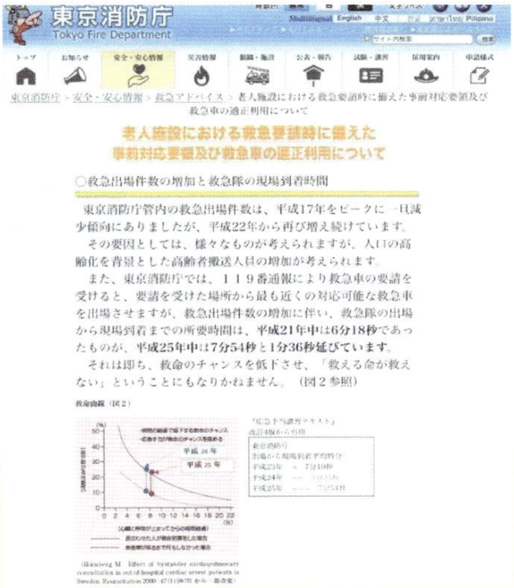

東京消防庁
Tokyo Fire Department

老人施設における救急要請時に備えた事前対応要領及び救急車の適正利用について

○救急出場件数の増加と救急隊の現場到着時間

東京消防庁管内の救急出場件数は、平成17年をピークに一旦減少傾向にありましたが、平成22年から再び増え続けています。

その要因としては、様々なものが考えられますが、人口の高齢化を背景とした高齢者搬送人員の増加が考えられます。

また、東京消防庁では、１１９番通報により救急車の要請を受けると、要請を受けた場所から最も近くの対応可能な救急車を出場させますが、救急出場件数の増加に伴い、救急隊の出場から現場到着までの所要時間は、**平成21年中は6分18秒**であったものが、**平成25年中は7分54秒と1分36秒延びています。**

それは即ち、救命のチャンスを低下させ、「救える命が救えない」ということにもなりかねません。（図２参照）

救命曲線（図２）

上述救急曲线详细信息。

动物救护体系

日本政府总结大型自然灾害的救灾经验教训，通过与各地动物防疫部门的合作，建立起一套完整的灾后动物救助体系。

現地動物救護本部等の組織体制の例

新潟県

新潟県では、災害発生時の「動物との同行避難」の方針を示し、避難所や仮設住宅でのペット受け入れに関する調整を、市町村の避難所設置・管理担当部署等に対して行い、避難所や仮設住宅でのペットの飼育支援については、県（保健所）がフォローするということで、受け入れ体制を整えた。

体制整備にあたっては、災害時の動物救済本部構成団体として県獣医師会や地元の動物愛護団体と協力関係を築き、各種の支援を行っている。

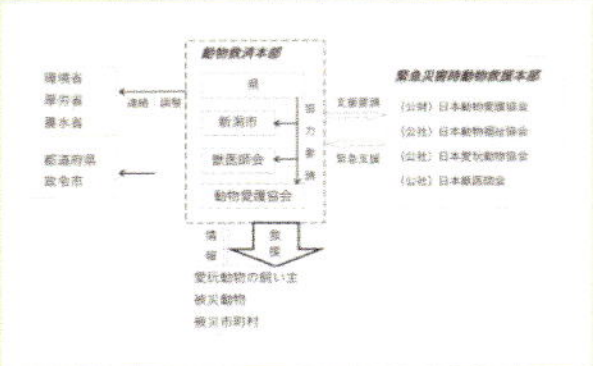

現地動物救護本部等の組織体制の例

東京都

東京都は、平成12年に発生した三宅島噴火災害の際は、自ら被災自治体として動物救護活動にあたった。平成23年の東日本大震災では、被災地から避難してきたペット同行避難者の支援を行っている。

これらの災害時には、（公社）東京都獣医師会、（社）東京都家庭動物愛護協会、（公財）日本動物愛護協会、（公社）日本動物福祉協会、（公社）日本愛玩動物協会の5団体が構成団体となる「動物救援本部（三宅島噴火災害動物救援本部・東日本大震災東京都動物救援本部）」が設置された。

東京都はこの動物救援本部を支援する立場から、情報の提供、動物救護活動の支援及び活動の拠点となる「動物救援センター」の設置等を行った。

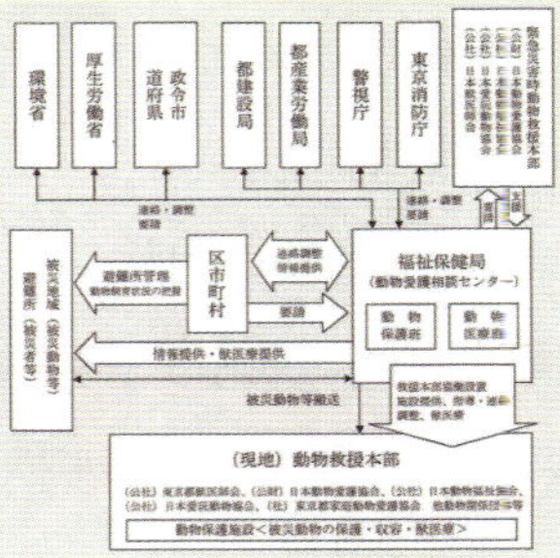

現地動物救護本部等の組織体制の例

岩手県

岩手県では、岩手県災害時動物救護本部を設置するとともに、広域振興局の保健福祉環境部、県獣医師会各支会等に地域支部を配置し、救護本部を構成するそれぞれの構成団体が役割分担を行い、「被災動物保護班」、「被災動物医療班」、「被災動物支援班」を編成し、調整、連携を図りながら動物救護活動を行った。

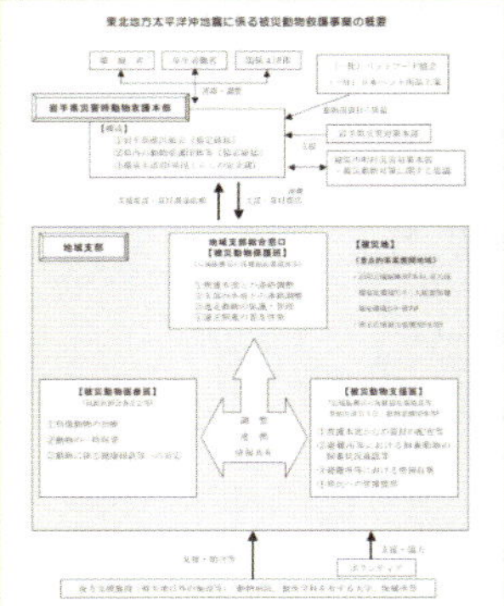

地域の避難訓練の事例

仙台市

平成17年より毎年6月12日に地域の防災訓練を実施している。その際には仙台市獣医師会とボランティアによるペットとの同行避難と動物救護所設営運用訓練も実施されている。

防災訓練におけるペット同行避難訓練の様子（仙台市）

日本政府有关部门向社会公布的灾后动物救助体系介绍中包括一些具体救助事例。

政企联合防灾

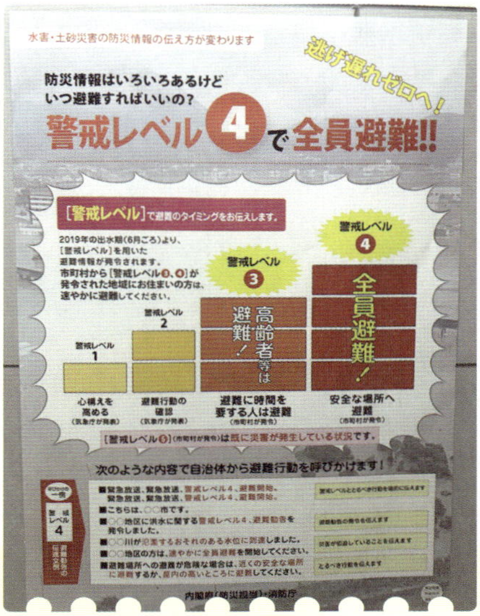

日本各级政府向企业以及市民宣传的应急避难等级划分的宣传海报。

日本政府通过提高企业层次和居民综合防灾能力，逐步构筑起全国性的自助、互助、公助相结合的政企联合防灾体系。这种政企联合方式是把国防与防灾有效结合在一起的国家战略。

这种体系的构成，并不仅仅靠企业采取防灾措施。

近年来在中国发生的各种灾害事件让中国企业面临不小的损失和危机，希望相关部门和企业重视起来，在防灾体系上参考和借鉴日本政企联合防灾这种方式。

06

第6章

日本企业的研究文化

研究失败

日本企业如何研究失败？

有些日本企业常年收集并整理管理相关的经营失败案例，建立数据库，总结经验教训，采取适合本企业的改善措施。改善措施主要反映在经营战略和组织管理这两个方面。

研究经营失败的社会气氛

通过翻阅日本企业“社史”、创始人“回忆录”、公开披露的“财务年报”以及“企业社会责任报告”等资料，可以发现有些知名的日本企业也经历过经营失败。企业经营失败的原因各不相同，但有一个共通点：相同的成功一般难以复制，类似的失败通常引以为戒。

很多日本学者和企业管理人员热衷于研究失败学。有些日本企业除了研究重大社会事故、重大灾害之外，还组织团队常年研究经营管理方面的失败案例。除了设立企业内“失败奖”，还要求每个业务部门定期编写并汇报“失败报告”。

日本目前已经出版了很多失败学的书籍，日本社会各界人士非

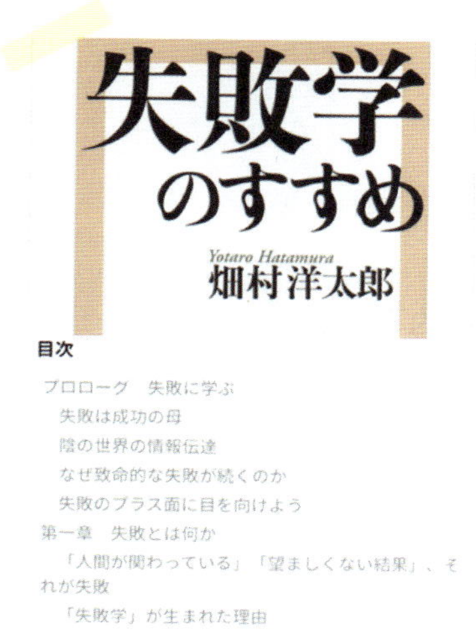

常喜爱阅读这些书籍。

其中有很多研究企业经营失败案例的书籍，受到了日本企业管理人员的称赞和喜爱。

研究预防事故的基本方法

事故就是失败，预防事故就是预防失败的发生。《失败学之推荐》一书的作者——村洋太郎先生，曾经在由日本国土交通省组织召开的“2013 年运输事业安全相关座谈会”作过一场“从失败学的角度观察运输安全”专题演讲。

在这场演讲中，他明确指出以下三点是预防事故的主要方法。

★ 1. 遵守规定（包括遵守规则、标准、操作手册）

要理解、遵守规定，且需要组织科室、班组等基层团队在现场积极参与行动。

★ 2. 减少可能导致事故发生的危险因素

强调以“存在人为错误的可能性”为前提，也要考虑预防措施的多样化，防护措施的有效化，安全装置的正常化，危险程度的明确化，特别是必须确定“哪里有危险？危险在哪里？”

★ 3. 灵活思考应对规则以及操作手册之外的意外事故

没有具体规定，只能团队成员自己判断。为了实现这一点，需要思考以下几点。

（1）每一位成员必须具有全局观念；

（2）团队应当提前组织模拟演习；

（3）全员思考如何提前规避已经发生的事故；

（4）全员掌握包括理解、判断、实战在内的应对意外事故的能力。

今后不仅需要全员思考防灾，也需要思考减灾，需要团队把已经发生的事故作为失败案例，系统地分析、整理成可以利用的知识。

为了实现提前规避事故，企业需要采取的具体行动包括以下几点。

（1）实现“现地、现物、现人”的3现主义，即只有通过“3现”才能真正了解现场；

（2）根据情况及时修改操作手册；

（3）根据情况深化、细化操作手册；

（4）只有通过努力提高安全程度，才能真正减少事故的发生。

研究经营战略方面的失败

借鉴经营战略方面失败的研究成果，有些日本企业近年来注重制订“兼顾财务和非财务指标互相平衡的可持续发展经营指标”。

有些日本企业曾因追求扩大销售额或提高投资利润率，导致经营团队集体参与经营指标的舞弊造假。在日本，企业被曝光舞弊造假一般会使客户、供应商、金融机构以及服务企业或机构的群体产生恐慌而中断交易和服务，甚至被金融机构直接断供资金。通常这种企业会因业务急剧萎缩或运营资金链断裂而倒闭或资产重组。

有些日本企业为了避免因偏激设定经营指标而导致的经营失败，近年来开始弱化评价量化经营指标，强化评价定性经营指标。

有些日本企业为积极宣传 ESG 理念制作的海报。

自 2015 年联合国制定 SDG（Sustainable Development Goals，可持续发展目标）以来，很多日本企业组织、设置了专门的团队和部门，积极响应实践 ESG（Environmental，环境；Social，社会；Governance，治理）经营管理，把适合本企业持续发展的非财务指标作为努力争取实现的经营指标。

很多日本企业注重的非财务指标包括：CO_2 减排量增减比率、环保目标实现比例、环保原材料采购比例、连续安全生产天数、残疾员工雇佣比例、女性员工管理职位比例、员工辞职比例、员工满意度增减比率等。

为了实现非财务指标，企业不可避免地需要进行相应的经营理念改革、业务流程改善、营销策略改进。企业在业务转型时面临着各种压力和挑战，很多经营失败案例证明：只有制订“兼顾财务和非财务指标互相平衡的可持续发展经营指标”，企业才能有效避免短期经营行为，长久避免经营战略方面的失败。

研究组织管理方面的失败

借鉴组织管理方面失败的研究成果，有些日本企业近年来加强实施“兼顾预防和跟进互相结合的全员参与型安全管理体制”。

安全管理是企业管理的关键领域。科研企业、生产企业、运输企业、仓储企业以及涉及安全管理的其他企业，其科研安全、生产安全、运输安全、仓储安全等直接关系到企业的生存。如果企业安全出现了重大问题，其他经营管理措施就失去了意义。因此，全员参与安全管理是避免企业经营失败的有效措施。

有些日本企业经历重大事故后，才深刻地认识到安全管理的重要性。通过研究经营失败案例，企业在五大改善机制（**即发现存在问题、分析相关影响、总结经验教训、提出建议意见、采取改善措施**）的基础之上，开始注重改善措施的跟进与反馈。

日本企业加强的安全管理措施包括以下几项。

★ 1. 企业负责人直接领导安全管理委员会的日常工作

有些日本企业的安全管理规定明确要求企业负责人领导安全管理工作。安全管理委员会是连接各个部门的综合性管理机构，也是安全管理事项的最高决策机构，企业负责人日常应直接决策并处理紧要安全管理事项。有些日本企业明确规定，企业负责人委托他人代管安全管理工作属于舞弊行为，违者必罚。

国家相关机构监管的企业，需要定期报告安全管理数据，有些日本企业也明确指定企业负责人是安全报告文件的签署人和责任人。安全管理数据的统计整理工作是由企业的各个业务部门完成的，有些日本企业明确规定企业负责人具有最终审核责任。

★ 2. 安全管理委员会负责组织企业全员参与实施安全管理体制

安全管理委员会负责制订安全管理措施，也负责实施、跟进和

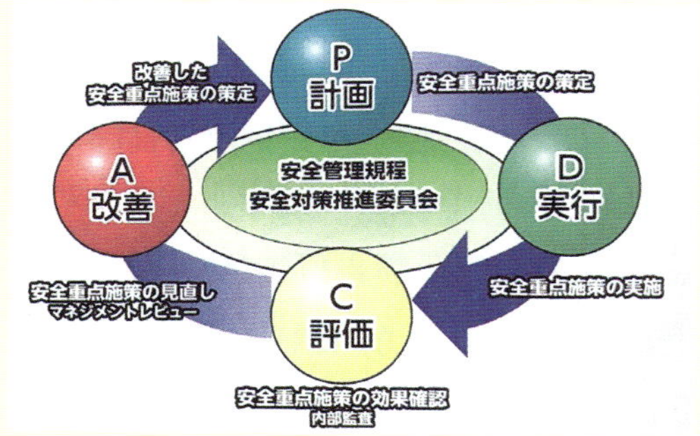

日本企业组织员工实施 PDCA 安全管理体制的示意图。（摘自 2019 年度东京都交通局《安全报告书》）

改善。有些安全管理委员会常年聘请专家协助指导工作。也有些根据安全管理规定，组织团队通过 PDCA 方式跟进重要的安全管理改善措施。

PDCA 分别是指 P（Plan，计划）、D（Do，执行）、C（Check，检查）、A（Act，处理）四个阶段。即严谨计划、细节实施、定期评估、改进改善，安全管理委员会负责组织企业全员参与实施安全管理体制。

★ 3. 内部审计部门定期实施安全管理审计

日本企业的内部审计部门负责实施财务会计方面的内部审计，而且也负责实施业务管理方面的内部审计。业务管理审计工作的范围，包括业务流程改善审计和营销策略改进审计，也包括安全管理审计。

关于通过 PDCA 方式跟进改善措施的企业，其内部审计部门会定期审核 PDCA 的实施情况，还同时聘请外部专家协助编写安全管理建议书。有些内部审计部门还定期审核企业加强安全管理所需资金的使用情况，严格处理挪用资金的舞弊行为。

★ 4. 经营管理层直接审核安全管理工作报告

很多日本企业在召开经营会议时，汇报连续安全生产天数及工伤事故报告等安全管理事项，通常这是首先要汇报的。有些企业的安全管理目标是“零安全事故”，即使某一时期只发生了一件安全事故，无论事故大小，也被安全管理委员会视为管理失败。

虽然企业对于安全事故的处罚方式和程度各不相同，但是处罚原则基本相同。即使发生安全事故的部门业绩再好，部门领导管理水平再高，绩效奖金和考评升职也会受到严厉的惩罚。日本企业处理安全事故的基本原则是：没有例外，不找借口，避免再次发生。

★ 5. 在企业内设置安全事故展示厅

有些日本企业对所有员工开放安全事故资料室并设置了安全事故展示厅，常年将其作为员工和业务合作单位的研修培训设施。业务合作单位通过了解企业曾经发生过的安全事故，可以参考并研发出避免类似事故发生的改进产品或服务。

★ 6. 定期实施全员必修安全管理培训

很多日本企业指定了每年全员必须参加的“安全管理培训日”。每年的培训内容基本相同，但定期复习、提醒、讨论，也是有效的安全管理预防措施。有些日本企业结合培训日程，还设定了“安全管理日”，在安全管理日进行安全管理培训有着特殊的纪念意义。

有些中国企业家说：“天天思考失败，企业才能存活”，日本企业每天也在思考企业发展所面临的风险和危机，企业经营失败的原因主要就潜藏在这里。虽然说“失败是成功之母”，但是**日本企业反复强调“绝不允许发生同样的失败。为了避免这种情况的发生，全员必须认真反省，找到防止再次发生失败的改善措施”**。

研究论语
中国经典怎样影响日本企业文化?

自从《论语》等书籍传入日本，中国相关思想就影响着整个日本社会，例如实行“殖产兴业”国策，追求“产业报国”理念以及企业日益重视承担社会责任等。影响可以从三个方面来看。

取其精华，去其糟粕

很多日本企业对《论语》秉持“取其精华，去其糟粕”的原则，仁义道德、文行忠信等思想可以帮助员工树立职业道德和目标，因此被企业推崇；而“富贵在天、男尊女卑”等思想可能会导致员工迷失奋斗目标，所以被企业摒弃。《论语》中的理论不适用于现代企业面临的市场竞争要求，**因此日本企业家提倡将《孙子兵法》与《论语》相结合来经营管理企业。**

有些日本企业把《孙子兵法》的注解书籍作为员工的业务培训教材，还结合具体案例讨论并制订经营对策。例如“知己知彼，百战不殆”可以帮助员工理解及时收集商业信息的重要性，这样做可以在细节上胜过竞争对手，还可以细致评估自身的竞争力。

员工通过学习《孙子兵法》中的计谋，在遵守职业道德的基础上有针对性地对工作任务制订具体对策。

《论语》中强调的“忠孝顺从”思想容易导致员工在商务活动中缺乏独立思考的能力。有些日本企业家喜欢把王阳明的理论与儒家思想相结合，鼓励员工待人处事要“知行合一”，反对“只知不行”和“只行不知”。

至今仍畅销的关于《孙子兵法》的书籍。

日本最早研究王阳明的人是中江藤树（1608 ~ 1648 年），他被人尊称为“近江圣人”，是日本阳明学派的奠基人之一。至今仍有很多企业员工、政治家、军事爱好者等各界人士崇拜王阳明，热衷于学习“知行合一”理论。

工欲善其事，必先利其器

《论语》中的“工欲善其事，必先利其器”思想有助于经商谋利，“先利其器”强调注重实用技能，掌握先进技术。当日本政府组织团队赴先进国家考察后，意识到只有鼓励国民树立独立精神并提倡实学，才有可能赶超强国。

教育家福泽谕吉在其著作《劝学篇》的第一篇写到“天在人之上不造人，天在人之下不造人”，鼓励追求自由平等，主张教育方针应包含两方面：有形方面以“数”“理”为基础；无形方面以培养“独立心”为旨趣。

在明治维新时期，当中国清代思想家魏源编著的《海国图志》一书传入日本后，日本将《论语》中的“工欲善其事，必先利其器”思想和《海国图志》中的“师夷长技以制夷”思想相结合，呼吁在“实业为本，技术为先”的基础上，学习、引进、消化、改善外国的先进技术以抵御外敌。

左手论语，右手算盘

很多日本企业家至今在经营实践中仍信奉“左手论语，右手算盘”的理念经营。日本“资本主义之父”涩泽荣一在《论语与算盘》一书中主张企业应“既讲求经济效益，又讲求社会效益”，企业要将追求利益和讲究企业道德合二为一，遵循“道德、经济合一”的经营原则。

《论语算盘》理论也影响着日本政治家的执政理念。在 2020 年 9 月 11 日的自民党总裁选举公开辩论会上，竞选人之一的岸田文雄（时任日本自民党政务调查会会长）提出把《论语和算盘》作为施政纲领，并解说了纲领要点：建设符合时代的、适合日本的资本主义，兼顾伦理道德与经济利益，并不追求局部垄断利益，而是追求国家整体利益。

研究历史

日本铁塔抗震不倒塌的奥秘是什么？

在久经灾难考验的古建筑中存在着实用的建筑原理和值得借鉴的建筑技术。这些世界建筑遗产是先人的智慧结晶，已经成为当今社会的学习“教材”。有些日本企业专门组织团队把反复修缮的古典建筑当成参考“教科书”认真“拜读”并总结。

在日本建筑业，有一个广为流传的事例。知名景点东京天空树（也称为东京晴空塔，竣工于2012年，高634米）是目前全世界最高的自立式电波塔，是日本标志性建筑物。

建筑师们就是参考研究现存完好的古建筑后设计建造的。据施工方介绍，参考的是位于奈良县的法隆寺五重塔（已有1300多年历史）。

建筑专家们经过研究发现，法隆寺五重塔的中心位置有一个被称为“心柱”的圆柱，它可以吸收地震及风暴的能量，从而缓冲建筑受力。东京天空树的设计建造采用了现代建筑技术“顶部制振装置”，也借鉴了五重塔的“心柱”抗震装置。

据东京天空树的施工方介绍，塔体内心柱空间直径为10米，心柱本体直径为8米，高375米，筒状混凝土构造。

通过研究古建筑，这座标志性建筑得以顺利完工，且青出于蓝而胜于蓝。这种心柱设计的成功，也使更多的建筑工程可以安全借鉴五重塔的抗震设计原理。建筑专家们的新知识、新技能是在原有知识及技能的基础上，温故知新而得来的。

日本法隆寺官方网站上的五重塔全景。

东京天空树的施工方在其官方网站上介绍塔吊机的制振装置时，也介绍了塔体制振设计包括“顶部制振装置”和“心柱”抗震装置二部分。

心柱を設置するタワー中心部。内径約10mの空洞に直径8mの心柱を構築します

1 避難階段の設置範囲と構造上の特徴

心柱の特徴

心柱は地震時に重量を利用した制振システムとして機能しますが、本来、心柱の鉄筋コンクリート造の筒は階段室の壁の役割を担っており、心柱の中空部には避難階段が設置されます。

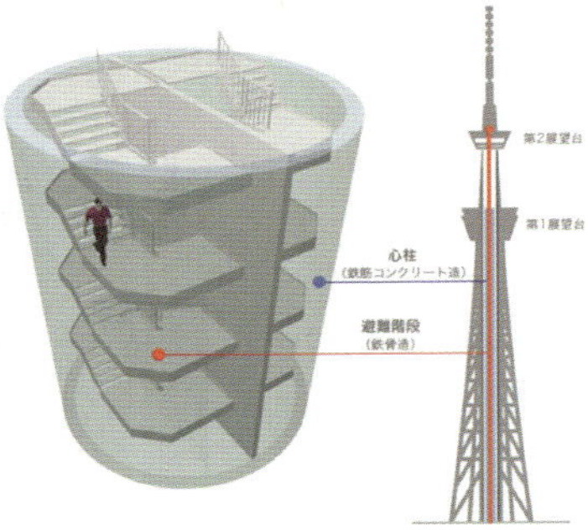

东京天空树的施工方在其官方网站上介绍心柱施工方法时所介绍的心柱构造及其特征。

研究危机
日本企业如何加强持续经营管理?

在应对新型冠状病毒肺炎疫情时，持续经营管理成为日本企业界重点关注的课题。当疫情升级时，很多日本企业负责人深感加强持续经营管理的重要性。

制定持续经营计划的普及性

日本内阁府在 2019 年《防灾白书》中强调，参考《2018 年日本国土强韧化实施方案》，在 2020 年之前，大型企业制订完成持续经营计划（Business Continuity Plan，简称 BCP）的比例争取达到 100%，中型企业 50% 以上。

日本内阁府从 2001 年以来，每年都在官网公布《防灾白书》，还会隔年统计企业制订 BCP 的普及率。

日本内阁府在 2019 年《防灾白书》中公布，2017 年制订 BCP 的大型企业占 64%（2015 年为 60.4%，2007 年为 18.9%）；中型企业占 31.8%（2015 年为 29.9%，2007 年为 12.4%）。如果加上正在制订的企业，2017 年制订 BCP 的大型企业占比 81.4%（已制订为 64%，正在制订为 17.4%）；中型企业为 46.5%（已制订为 31.8%，正在制订为 14.7%）。关于小微企业制订率在白皮书中没有公布。

日本经济产业省中小企业厅在 2020 年 4 月份公布的 2020 年《中小企业白书·小规模企业白书》中，引用了民间信用调查公司于 2019 年统计的企业制订 BCP 普及率（注：与内阁府调查数据存在差异）。即 2019 年已制订和正在制订 BCP 的大型企业占比 38%（已制订为 29%，正在制订为 9%）；中小型企业为 19%（已制订为 12%，正在制订为 7%）。

为了提高国家整体的危机风险管理水平，特别是提高企业整体的抗风险能力，日本政府从 2018 年以来开始实施“国土强韧化”计划。

左图：日本“国土强韧化”计划的宣传海报。

右图：日本的建筑公司在施工工地的外围防护墙上，积极向社会公众宣传该企业的BCP对策，其中包括建立遭受灾害程度判断系统、增强电梯的抗震功能、24小时运营危机管理中心、采取断水应对措施、制订救助归宅困难者措施等。

实施持续经营管理的重要性

为了做好持续经营管理，有些日本企业组织团队制订并完善 BCP，还聘请危机管理专家指导实施“持续经营管理”（Business Continuity Management，简称 BCM）。日本企业一般由最高领导直接负责制订、完善、管理 BCP，在应对经营危机时，有些日本企业曾发生过面对领导突然查阅 BCP 而不知所措的情形，因此很多企业把“加强 BCM”视为比“制订 BCP”更重要的经营管理工作。

日本政府为了支持企业制定并完善 BCP，专门成立了非政府组织的 BCM 认证机构。日本经济产业省也依据《中小企业强韧化法案》，制定了针对中小企业的“持续经营能力强化计划”认证制度。经过认证的企业可以获得税收优惠、融资援助、申请政府补贴时加分等好处。

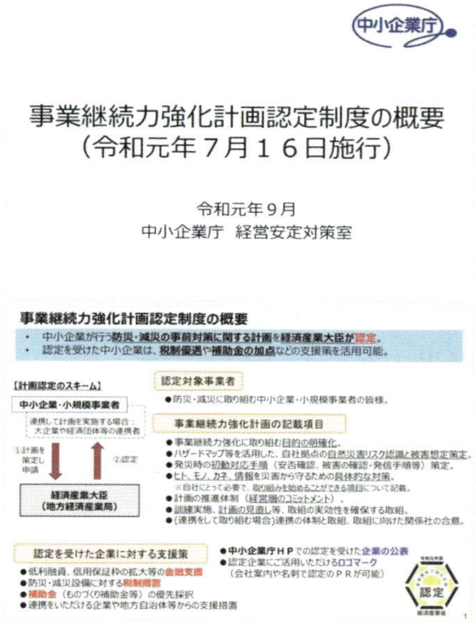

经济产业省中小企业厅在其官方网站上公布的从 2019 年 7 月开始实施企业“持续经营能力强化计划”认证概要。

经济产业省认证的企业“持续经营能力强化计划”标识。

有些日本企业通过专业咨询机构指导，在相关认证过程中发现并解决了 BCP 中存在问题。例如有些生产化学危险品的企业借鉴其他企业发生的事故，在 BCP 中增加了防止发生二次灾害的具体措施。目前很多日本企业把 BCM 具体反映在员工职业培训课程及定期演习活动中。有些日本企业在应对新型冠状病毒肺炎疫情时总结了一些急需改善的问题。

★ 1. 职务权限分工不清

日本企业要制订两份职务权限分工表：一份是日常工作时使用，另一份是演习和应对危机时使用。

★ 2. BCP 内容过于陈旧

有些在十几年前制订的 BCP 方案已不能应对新危机；还有些 BCP 方案仅限于应对地震、台风、海啸等自然灾害。

这些日本企业应在学习其他企业经验的同时，由危机管理委员会外聘专家协助汇编一份与时俱进的 BCP 方案。

以下是日本企业在平时和紧急状态时分别取得的持续经营管理效果。

在平时取得的效果有以下几个。

（1）掌握了本企业的经营资源状况；

（2）培育了人才；

（3）改善了管理层与基层员工的沟通；

（4）掌握了与供销商的交易情况；

（5）提高了业务效率，改善了业务流程等。

在紧急应对危机时取得的效果有以下几个。

（1）保持了企业的持续经营；

（2）与企业员工迅速取得了联系；

（3）事先数据备份、配置两套设备等应急方案取得了明显成效；

（4）减轻受灾程度等。

日本经济产业省中小企业厅在2020年《中小企业白书·小规模企业白书》中，引用了民间信用调查公司于2019年统计的影响企业持续经营的风险类型数据。具体为：

自然灾害69.9%；设备故障41.9%；火灾及爆炸事故33.6%；供销商受灾33.5%；本公司业务管理系统故障32.8%；信息安全风险31.7%；供销商倒闭31.6%；物流混乱30.4%；信息泄漏及不合规事件24.8%；流感等疫情23.2%；企业领导发生不测22.1%；产品事故20.8%；战争及恐怖事件13.2%；环境破坏事件5.4%。

注重持续经营管理的合理性

企业在实施持续经营管理时盲目模仿其他企业的管理模式，很容易出现南橘北枳的现象。在疫情下紧急应对资金短缺困境时，有些企业管理专家提出BCP对策——实施“即时生产”模式管理。

这种模式可以消减占用资金、节约物流成本、降低存货保管成本、减少员工与外部供货人员直接接触等。

这种生产模式具有即时性、自动化、智能化的特点，可以提高工厂的运营效率。传统理论也认为，企业能做到只按“实时需求”采购零部件的话，是管理成功的一种标志。

但经营实践证明，一旦重要的供应商遭遇突发事件，这种模式很容易导致工厂突然被迫停止生产。

这样的企业在生产上没有缓和之机，一旦运营资金周转不灵，就很容易倒闭。虽然不能一概否定“即时生产”模式，但是在制订BCP时应充分考虑其缺点，探讨采用其他合理的替代方案。

企业管理层可以授权持续经营管理团队协助工厂管理部门和存货采购部门试点实施“三合理”改善计划，即合理分散供应商、合理分散采购地域、合理测算存货的安全储备量。

结合经验教训，如果制造企业不具备以下基本条件的话，应当果断放弃学习或模仿“即时生产”模式。

（1）企业在资金上没有强大的股东群体实时支持；

（2）企业在技术上没有掌控、协调产业链上、下游企业的能力；

（3）企业在文化上没有对产品生态圈的重大影响能力；

（4）企业在管理上没有测算存货安全储备量的能力；

（5）企业在劳务上没有一批长期安心工作的核心员工。

实际上，在没有实战经验之前，有些日本企业也曾形式化地制订BCP，在遭遇突发事件后开始反省改善。

反省改善的做法：通过注重BCM不断完善BCP，即把工作的重点从制订“持续经营计划”，拓展到实施“持续经营管理”。

亡羊补牢的做法：把传统的应急管理方案拓展为包括救急预案、预防方案和改善方案在内的全方位应急管理方案。

制订 BCP 的方法

企业制订 BCP 的具体方法是持续经营管理的核心课题。通过阅读、分析有些 BCP，我发现了一些值得引以为戒的缺陷。

★ 1. 过于细致

在 BCP 中过于细致描述的方案，可能导致应对危机时工作效率低下；

★ 2. 过于节约

在 BCP 中过于节约成本的方案，可能导致应对危机时工作效果不佳；

★ 3. 过于疑虑

在制订 BCP 时过于疑虑、纠结方案的细节，可能导致持续经营管理难以顺利开展。

以下是一些值得借鉴的优点。

（1）注重现场：重视三现主义——现场、现物、现实；

（2）注重预防：重视三觉主义——视觉、触觉、听觉；

（3）注重改善：重视三即主义——即时、即刻、即做；

（4）注重彻底：重视三彻主义——彻头、彻尾、彻底；

（5）注重细节：重视三细主义——细心、细节、细致。

根据上述列举的优缺点，我总结出制订 BCP 的基本方法。

（1）针对每项经营资源中的经营要素，分析经营风险及危机；

（2）根据经营风险及危机，制订相互关联的“救急预案”“预防方案”“改善方案”；

（3）基于经验教训，总结一套包括“三案合一”在内的综合性持续经营计划。

企业经营风险及危机主要存在于经营资源中的经营要素主要涉及经营组织、经营环境及经营业务三个层面。

以制造企业为例，重要的经营要素包括以下几个层面。

（1）组织层面：经营团队、经营理念、劳资关系、人事管理；

（2）环境层面：政策环境、科技环境、自然环境、市场环境；

（3）业务层面：供应销售、生产制造、资金资产、财务报告。

企业在制订 BCP 时，应重点关注经营要素中的关键风险事项。作为参考，列举如下。

（1）为了防止因企业负责人遭遇不测，不能指挥应对危机的情况发生，需在 BCP 中规定预防方案。例如明确规定必须在每届领导干部任命之际，书面制订一份企业负责人“领导顺序表”。

（2）为了防止出现与企业理念不符的重大经营活动，应事先在规定中确定具体的经营团队行动方针。例如明确规定企业负责人定期向董事会作自我评价报告；经营团队负责协助董事会或第三方调查相关合规合法评价事项。

（3）为了防止员工与管理层出现敌对情绪，应事先在经营团队职责表中拟定管理层与员工直接对话的日期。

（4）为了防止人事管理中发生评价不公或员工对薪酬待遇不满，应在职务权限表中明确规定企业负责人对每次人事评价结果应负有的责任和权限。例如有权直接调查、处理制订人事评价结果的参与人员（有些日本企业存在着调节团队或个人之间利益平衡的两套人事评价结果）。

因为各行业经营资源中的经营要素不同，所以企业面临的经营风险及危机也不同，企业所处的发展阶段和经营状况不同，也导致在制订 BCP 时的理念方针不同。

有些小微企业优先考虑发展和生存，业绩不佳的企业优先考虑改善业绩。很难归纳出一种适应所有企业制订 BCP 的方法。任何经营团队只有“人无远虑，必有近忧”地管理企业，才能长久发展。

注意持续经营管理的政策

企业在制订 BCP 时应遵守日本的法律法规以及政府部门的政令政策。

其中法律法规包括《灾害对策基本法》《大规模地震对策特别措置法》《地震防灾对策特别措施法》《灾害救助法》《国民保护法》《非常事态处置基本法案》《中小企业强韧化法案》《预防接种法》《检疫法》（将新型冠状病毒肺炎感染症指定为“检疫法第 34 条感染症的种类”）等。

政令政策包括：内阁府制定的《防灾基本计划》《企业持续经营指南》《避难所运营指南》《年度防灾白书》《新型冠状病毒肺炎感染症紧急事态宣言》；经济产业省制定的《企业持续经营计划制定指南》《企业持续经营补贴金通知》；中小企业厅制定的《中

小企业持续经营制定运营指针》《中小企业及小规模事业单位强韧化对策方案》《持续经营能力强化计划》……

实施SWOT矩阵分析的参考性

为了响应纠正经济至上主义的蔓延倾向，增强企业非财务数据外的报告责任，细化向投资者汇报的企业综合经营情况和抗风险能力，有些日本企业组织团队编制《统合报告书》（简称 IR 报告书）。

企业参考国际统合报告评议会（International Integrated Reporting Council 简称 IIRC）的《国际统合报告框架》、日本经济产业省制定的《价值协创指南》、日本金融厅制定的企业信息披露相关规定、日本《公司法》等法律法规、本企业的信息披露规定等，对外公布 IR 报告书。

根据日本 IR 协议会于 2019 年 4 月公布的“2019 年 IR 活动实态调查”结果（调查对象为日本 3775 家上市公司，收到 850 家答复，回复率为 22.6%），2018 年编制《统合报告书》的日本上市公司有 243 家（2017 年为 153 家）。

据日本民间调查平台“Corporate Value Reporting Lab”统计，2019 年 12 月编制《统合报告书》的日本企业共计 513 家（含上市公司、非上市公司、其他法人组织）。

日本企业通过《统合报告书》对外宣传企业形象，以及向投资者报告

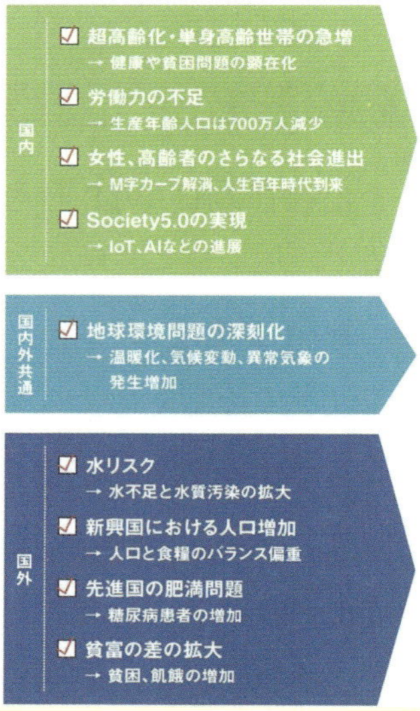

日本企业在统合报告书中列举的本企业面临的经营风险及危机。

综合管理状况，同时也总结了企业面临的各种经营风险和危机。潜在危机、经营环境风险、竞争优、劣势、行业风险等都是企业加强危机管理的重要参考信息。

仔细阅读日本企业近年来公布的 IR 报告书可以发现，报告内的“SWOT 矩阵分析表”对分析企业持续经营能力有很大的参考价值，还可以简单了解企业的竞争优、劣势，很多日本企业在制订经营计划、投资计划、评估经营风险及持续经营管理时，非常注重参考 SWOT 矩阵分析表。

通过分析表，企业可以把经营战略与公司内部资源及外部环境等综合考虑、紧密结合，便于企业在经营决策时有所依据，避免感性决策。

在组织干部分析、讨论企业竞争力时，有些日本企业负责人要求总结出一张“SWOT 矩阵分析表”。经营企划部门负责汇总这些表格，作为改善持续经营计划的参考依据。

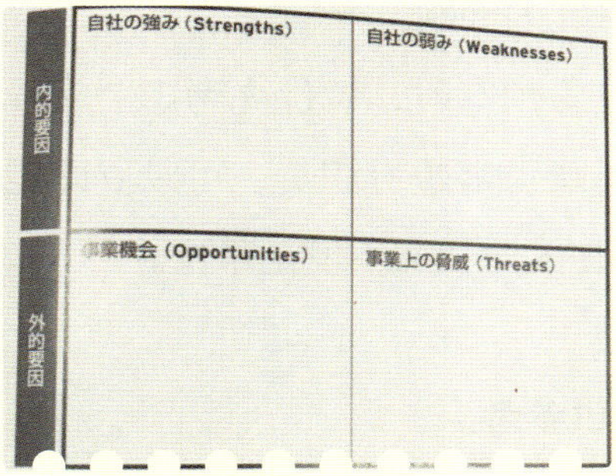

日本企业在制订持续经营计划、中长期经营计划、投资计划时使用的 SWOT 矩阵分析。

建立危机管理体制的必要性

日本企业危机管理委员会的负责人一般是由企业负责人直接担任。在危机管理实务中，有些负责人直接签发年度《企业持续经营管理报告》（Business Continuity Management Report，简称 BCMR）

和《经营风险评估报告》。有些日本企业还在《危机管理制度》中明确规定，企业负责人必须亲自参与危机管理，禁止只挂名不参与管理。

任何危机都有可能危及企业生存，企业在应对危机时采取的举措，直接影响员工生计、消费者利益、供销商利益、社会利益、企业持续经营力。为了做好危机管理工作，企业应具备以下三个基本条件。

（1）有实时运营的危机管理委员会；
（2）有能随时联系的危机管理中心；
（3）有随时能实施的持续经营计划。

拟定领导顺序预案的必要性

在紧急状态下，若企业负责人无法正常履行职责怎么办？这是企业在制订 BCP 时需要重点讨论、研究的问题。

企业在拟定持续经营管理相关应急预案时，应优先考虑“领导顺序预案”。如果企业负责人因故不能正常履行职责，可以立即启动拟定好的“领导顺序预案”，避免在紧急状态下发生争论。

以下列举一些领导职位顺序，仅供参考。
（1）接任第一顺序→副社长（董事）；
（2）接任第二顺序→管理部部长（董事）；
（3）接任第三顺序→营业部部长（董事）。

有些日本企业在 BCP 中制订“领导顺序预案”，也在《公司章程》中直接规定。也有些日本企业是在《企业危机管理规定》中规定。

无论是哪一种，都必须合理、合规、合法，日本企业在征求法律、财务等专家意见后，组织团队制订了“领导顺序预案”及“配套应急措施”。

有些日本企业是主动制订并实施“领导顺序预案”的，也有些企业是被动的。部分日本企业对外投资时，在“投资协议”中要求对方接受投资后，必须修改企业章程及相关规定，以便明确相关的“领导顺序预案”。

日本经济同友会曾于 2011 年在《企业的风险管理，特别是危机管理的再度思考——经营者应当尽快确认的要点》文件中，明确指出了发生重大灾害时，企业负责人必须立即设立紧急对策总部，不能履行职责时，必须立即确定代理负责人。

领导候选人必须秉持“居安思危、有备无患、远虑近忧”的经营管理理念。只有这样，经营团队才能领导企业做好持续经营管理工作。

研究未来
日本企业如何改善员工工作环境?

当今，一些日本企业的不良现象经常被媒体曝光，引起日本社会的广泛关注，严重影响日本企业的管理氛围及国际形象。

为了杜绝或减少不良现象，同时也为了应对日本少子高龄化的社会现状，2007 年 12 月，日本政府广泛征求社会各界意见，在一些行业协会的支持下制定了《工作生活平衡活动》宪章，还组织专家制定了配套的《推进工作生活平衡活动的行动方针》（2016 年 3 月修订）。相关宪章和行动方针阐明了一个被日本社会各界广泛认可的企业行为指南：**企业帮助员工改善工作环境及工作方式是对未来的投资，不是经营成本。**

为了推动相关政策的有效实施，日本内阁府每年定期在其官方网站上公布“工作生活平衡活动”的调研报告。目前一些地方政府在积极开展“工作生活平衡推进企业”认证并提供补贴奖励。东京都政府及相关财团为了推动“工作生活平衡活动”，还积极向企业员工提供“在家休假育儿援助奖励金”。相关行动还包括以下几项。

（1）定期聘请第三方专业机构调查本企业员工的工作生活满意度，及时向全体员工公开调查结果并组织团队跟进改善活动。

（2）在年度人事调整或业绩奖评前后，组织员工代表与企业负责人进行在线视频交流、下午茶面谈及“网络干杯”联谊等交流活动。

（3）聘请专家、医生等为本企业员工提供职业病防治、职场心理健康指导、日常生活保健等专题讲座。

（4）组织团队在专家指导下编写职场欺凌专题手册，向员工提供相关对策和建议，并在手册中提供专家咨询热线等联系方式。

（5）实施适合各岗位的弹性工作或居家工作制度，允许各业务部门制订可供员工选择的上下班时间或居家工作时间。

（6）强制性实施“无加班日”制度和“加班上限”制度，“无加班日”当天全体员工必须按时下班，加班日要遵守“加班时间上限”规定。

（7）鼓励员工积极利用“在家休假育儿”制度，支持员工缩短工时以照顾家庭。需要提前回家照顾孩子、病人或父母时，员工可以适当申请缩短工作时间，例如工作日提前 1 小时下班等。

（8）建立本企业退休员工再雇用制度，一些日本企业会尽量向在职员工承诺再雇用退休员工的比例和雇用时长的上限、下限（一般不超过 5 年）。对于企业的发展而言，可以减少骨干人才在退休后外流的情况。

（9）积极为全体员工提供舒适的办公场所。企业根据《劳动安全卫生法》规定的“舒适办公场所指南”，可以从四个方面改善办公环境。

劳动环境

包括粉尘、浮游物等空气环境；温度、湿度等温热条件；采光、照明等视觉环境；噪音、杂音等音感环境；以及面积大小、整洁程度、卫生状况等。

劳动方式

尽量避免或减少对员工腰部、颈部等部位有影响的不良作业姿势，重体力劳动，伴随高温、潮湿、噪音等工作环境，高度精神紧张、压力较大的工作方式，操作复杂或危险的机械设备等。

恢复身体、消除疲劳的福利设施

员工可以自由利用休息室、淋浴室、医疗保健中心、健身房、运动场所、散步场所等。

职场生活配套设施

卫生条件良好的洗面台、厕所、化妆间、更衣室、谈话室、食堂等。

目前，越来越多的日本企业为了缓解员工的工作、生活压力，积极组织员工参加“工作生活平衡活动”，使员工可以兼顾工作和家庭，改善社会环境及优化政策制度，实现无须影响工作和生活的和谐经济社会。

日本企业获得的“舒适职场推进工作场所”的认证标识。

开展这项活动的好处可以归纳为以下十点。

（1）可以降低员工的辞职率；

（2）可以增加女性员工的比例；

（3）可以改善员工人际关系；

（4）可以提高员工工作效率；

（5）可以侧重员工家庭生活；

（6）可以吸引、招聘更多人才；

（7）可以促进业务流程改善；

（8）可以推进工作方式改革；

（9）可以提升企业社会形象；

（10）可以助力企业持续经营。

开展这项活动时也存在着一些问题和困难。对于企业而言，应当注意的事项有以下几点。

（1）注意发挥企业负责人的领导作用；

（2）注意鼓励基层管理团队积极支持；

（3）注意倡导全员参加，以人为本地开展工作；

（4）注意保障活动实施过程的可视化；

（5）注意保障活动奖评结果的公平化；

（6）注意保障活动调查问卷的公开化。

对于员工而言，应当注意的事项有以下几点。

（1）注意加班适度，努力提高工作效率；

（2）注意放松适度，积极分担工作；

（3）注意休假适度，主动参与家庭生活；

（4）注意劳逸适度，积极参加公益活动。